AF556996

Georges Didi-Huberman

ZERSTOBEN

Eine Reise in das Ringelblum-Archiv des Warschauer Ghettos

Aus dem Französischen von Horst Brühmann

Konstanz University Press

Titel der Originalausgabe:
Éparses. Voyage dans les papiers du Ghetto de Varsovie

Bibliografische Information der Deutschen Nationalbibliothek

Die Deutsche Nationalbibliothek verzeichnet diese Publikation in der Deutschen Nationalbibliografie; detaillierte bibliografische Daten sind im Internet über http://dnb.d-nb.de abrufbar.

www.k-up.de | www.wallstein-verlag.de
Konstanz University Press ist ein Imprint der Wallstein Verlag GmbH

Vom Verlag gesetzt aus der Chaparral Pro
Umschlaggestaltung: Eddy Decembrino
Druck und Verarbeitung: Hubert & Co, Göttingen
ISBN 978-3-8353-9146-8

»Ich erinnere mich an die Fotos, die die Wände der von den Fingernägeln der Vergasten zerkratzten Verbrennungsöfen zeigten, und an ein Schachspiel, das aus Brotkügelchen hergestellt war.«

Georges Perec, *W oder die Kindheitserinnerung* (1975)

»Nein, wir werden uns nicht einsperren lassen, ohne irgend etwas zu tun. Wir haben eine Maschine, die die Vergangenheit aufwirbeln kann.«

Henri Michaux, *Face aux verrous* (1954)

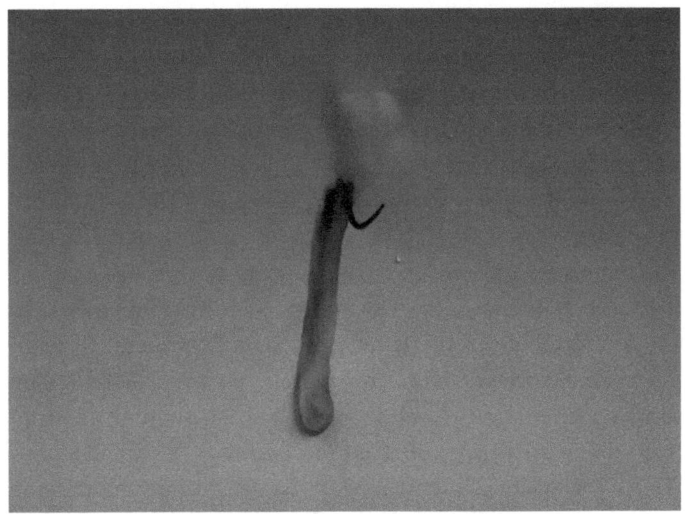

Zerstoben, die psychischen Zustände, die jeder in einer einzigen, einfachen emotionalen Erfahrung verbergen kann.

Ich erinnere mich – es ist schon lange her –, wie ich an einem Tag, an dem ich viel geweint habe, zufällig meinem Gesicht im Spiegel begegnete. Da zerbrach etwas, und etwas erschien: meine Existenz zerstieb, ging in Stücke. Ich nahm, als ich mich weinen sah, etwas Neues wahr, das zweifellos von mir und meinem damaligen Kummer seinen Ausgang nahm, das jedoch plötzlich eine viel breitere, unpersönliche und interessante Dimension erschloss. Ein Anderswo im Hier. Augenblicklich und wohl für den Rest meines Lebens lernte ich, eine neue Sichtweise einzunehmen. Sie war aus der Distanzierung entstanden, die sich aus dieser optischen Situation unweigerlich ergab: Als ich mich weinen sah, beobachtete ich plötzlich, gleichsam von außen, was die Emotion, etwas völlig Innerliches, auf der Oberfläche meines Gesichts veränderte (kein schöner Anblick übrigens: regressiv, grimassierend, zerknittert). Woraufhin sich meinem Kummer eine Art von kühlerem Bewusstsein hinzugesellte, keineswegs besänftigt, messerscharf, neugierig auf mehr Details, bereits ironisch: mithin ein Erkenntnisakt.

Gewöhnlich stellt man Kontakt und Distanz, Berührung und Abstand einander entgegen. Zu Unrecht. Berührung und Abstand bedingen sich gegenseitig: auf zeitlicher Ebene (weil sie sich wechselseitig erzeugen) wie auf räumlicher Ebene (weil sie sich in einem unaufhörlichen Hin und Her einander nähern und voneinander entfernen, um sich schließlich ineinanderzuschlingen, sich zu umarmen). In der kleinen Erfahrung, von der ich berichte, hatte ich zweifellos eine gewisse Distanz hergestellt: zu mir selbst auf dem Umweg über mein Abbild im Spiegel, zu meiner Traurigkeit auf dem Umweg über meine Situation als Beobachter. Trotzdem hatte ich den Kontakt weder zu mir selbst noch zu dieser Traurigkeit verloren, die natürlich nicht plötzlich verschwunden war. Ich glaube sogar sagen zu können, dass ich dank dieser unerwarteten Perspektivierung ein wenig besser wusste, wo die Grenzen dieses in seiner Traurigkeit verschlossenen »Ichs« lagen, wo sich die möglichen Auswege befanden, die Weisen, solche Grenzen zu überschreiten. Ich musste mir in diesem Augenblick vorstellen, was ich tun konnte, um aus einer solchen Traurigkeit herauszukommen und die Grenzen meiner eigenen emotionalen Verschlossenheit zu überwinden.

Zwischen dem Kontakt und der Distanz gibt es immer ein Medium: Glas, eine Membran, etwas Durchsichtiges, Luft, Wasser. An jenem Tag gab es zwischen meinem Auge und meinem Bild im Spiegel nur ein wenig Luft, ein paar Tränen und die Undurchlässigkeit des Spiegelglases (mit dessen Tiefe). Mich selbst weinen sehen hieß zunächst, die Herrschaft des Mediums über das Sichtbare zu etablieren: Das Ergebnis war eine gewisse Trübung. Als mir die Tränen in die Augen traten, wurde mein *Sehen* durch mein *Weinen* getrübt, wenn nicht verhindert. Und in der Tat, ich sah mich verschwommen. Doch bald kehrte sich die Situation seltsamerweise um: An ihre Stelle trat so etwas wie eine neue Klarheit. Meine Augen mussten sich über die Situation »klarwerden«, und das wahrscheinlich genau in dem Moment, in dem die – unangenehme – Überraschung, mich weinen zu sehen, sich verwandelte, sich auf eine neue Geste konzentrierte, die des Beobachtens, des fragenden Blicks, also des Erkennens oder zumindest des »Versuchens zu sehen«. Am Ende hatten die Tränen meinen Blick geklärt.

Sollte es eine Beziehung zwischen *klagen* und *sich (selbst) anblicken* geben? Wenn eine solche Beziehung bestünde, dann könnte *klagen* unter bestimmten Voraussetzungen oder in bestimmten Hinsichten etwas anderes sein als ein bloß erlittenes Leid *(pathos)*: eine aktive Geste des Erkennens, ein Versuch, den Schmerz, der einen überwältigt, zu bezwingen. Symmetrisch dazu wäre *sich anblicken* als eine Affektregung und nicht nur als visuelle Erkenntnis zu denken. Gewiss hat diese Beziehung etwas Tragisches, besonders wenn man an den berühmten Vers von Aischylos im *Agamemnon* denkt, wonach Weisheit und Erkenntnis den Sterblichen durch ein *pathei mathos* gegeben sind, das heißt ein »Wissen durch Leid«, eine Wissenschaft des Schmerzes oder Wissenschaft im Schmerz. Es ist verblüffend, dass Gershom Scholem um 1917 (kaum zwanzig Jahre alt) die *qinah*, die jüdische Klage, mit den Begriffen der »Tragödie« und der »Dichtung«, zugleich aber auch des Affekts und der Lehre ansprechen wollte: »Sein heißt: Quell von Klage sein.« [...] »Die Lehre und die Klage waren in diesem Volk [dem jüdischen] verschwistert, in ihm konnte es geschehen, dass die Lehre klagte und die Klage lehrte«.[1]

Martin Buber, der 1903 begonnen hatte, die Erzählungen der chassidischen Überlieferung zu sammeln, erwähnte in seiner großen, Jahrzehnte später veröffentlichten Sammlung die Gestalt des Rabbi Menachem Mendel von Kozk,

1 Gershom Scholem, »Hiobs Klage« (Ende 1918), in: *Tagebücher nebst Aufsätzen und Entwürfen bis 1923*, 2. Halbband, herausgegeben von Karlfried Gründer u. a., Frankfurt a. M.: Jüdischer Verlag 2000, S. 546. »Über Klage und Klagelied« (Dezember 1917), ebd., S. 133.

gestorben 1859, die – »wie der Schlussakt eines Dramas« – gleichsam den Abschluss einer Entwicklung verkörpert. Er war ein Weiser, der die Welt beklagte und deshalb sich niemals beruhigte. Ein rebellischer Geist, der, zottelig, »im Unterkleid, furchtbaren Angesichts«, seine eigenen Schüler »in abgehackten stürzenden Worten« schalt, »so gewaltig, dass der Schrecken sie befiel und sie durch Türen und Fenster flüchteten«[2] ... Doch zurückgekehrt in seine Einsamkeit klagte er viel. Jeden Abend schrieb er eine Seite, von der niemand je etwas erfahren sollte, da er sie am Morgen darauf zerriss oder verbrannte, und so fort. Was mich angeht, bevorzuge ich eine Version der Geschichte, von der ich nicht weiß, ob ich sie irgendwo gelesen oder ob ich sie erfunden habe: Jeden Abend schrieb er eine Seite, und am folgenden Morgen nahm er sie in die Hände, näherte sie seinem Gesicht und las sie einfach noch einmal. Doch beim Wiederlesen weinte er so sehr, dass seine Tränen jeden Satz, jedes Wort, jeden Buchstaben seines Textes auslöschten. Und so fort, an jedem Tag seines Lebens.

So als nähme die Zeit als ganze diesen Rhythmus von Abend und Morgen an: hoffend, verzweifelt, immer wieder neu beginnend. Diesen Rhythmus, der durch die Begegnung von ein wenig Tinte (Wörter, Beschriftungen) und ein paar Tränen (Wasser, Emotionen) auf einem Stück Papier (Medium, Fläche) zustande kommt.

2 Martin Buber, *Die Erzählungen der Chassidim* (1947), Einleitung, in: *Werkausgabe*, Bd. 18.1, Chassidismus III, herausgegeben, eingeleitet und kommentiert von Ran HaCohen, Gütersloh: Gütersloher Verlagshaus 2015, S. 185 f.; vgl. auch S. 673 ff. – Catherine Chalier, *Le Rabbi de Kotzk (1787–1859): un hassidisme tragique*, Paris-Orbey: Arfuyen 2018.

Zerstoben, die Bruchstücke der Erinnerung, der materiellen oder psychischen, die uns ein und dieselbe Geschichte hinterlassen kann.

Es dauerte mehrere Jahrzehnte, bis ein kleines Bündel von Familiendokumenten, das in irgendeinem Karton schlummerte, mir schließlich in die Hände fiel. Vergilbte Papiere: Es gab einen Ehevertrag *(ketubah)* in arabisiertem Hebräisch, der, für mich unlesbar, mit seltsamen »kabbalistischen« Figuren verziert war und der aus der Synagoge el-Ghriba in Tunesien stammte. Es gab eine Erklärung General de Gaulles, in der er allen dankte, die »dem Ruf Frankreichs in der Gefahr« gefolgt waren und sich den Freien französischen Streitkräften angeschlossen hatten. Es gab mehrere Ehrungen für militärische Tapferkeit. Einige »Zeugnisse«, ausgestellt vom Büro des Kriegsministeriums für militärische Auszeichnungen. Auszüge aus dem Personenstandsregister von Gabès. Eine in Warschau 1923 ausgefertigte Urkunde, betreffend die Heirat von Jonas Huberman mit Rywka Szajman (oder Szejman). Die »Ausweise für politische Deportierte« der beiden letzteren, ausgestellt am 3. Februar 1955, also mehr als elf Jahre nach ihrem Tod in Auschwitz-Birkenau.

Es gibt auch zwei Personalausweise, auf denen dieselbe Frau abgelichtet ist: einer (von der Präfekturverwaltung) ausgestellt auf den Namen Estelle Huberman, geboren am 16. Juni 1925; der andere (von einem professionelle Fälscher hergestellt, der für die Résistance arbeitete) auf den Namen Éliane Heraud, »französische Studentin«, geboren am 11. August 1926. Es gab zwei spätere Bescheinigungen der französischen Staatsangehörigkeit. Die »Kopie einer gerichtlichen Toterklärung des Huberman Jonas Héroz und seiner Frau Szajman Rebekka« aus den fünfziger Jahren. Es gab ein französisches Abiturzeugnis, »philosophisch-literarischer Zweig«, nachträglich ihrer Tochter ausgehändigt am 8. November 1944. Und noch drei kleine Poesiealben mit Gedichten in zierlicher Handschrift: Gedichte von Goethe und Hölderlin auf deutsch, Notizen zum Leben Beethovens, *Les Papillons* von Théophile Gautier, *Il pleure dans mon cœur* von Paul Verlaine, *L'invitation au voyage* von Charles Baudelaire. Und noch viele andere, darunter Exzerpte aus Cicero, Ronsard, Rousseau, Tolstoi, Hugo, Rimbaud, Ibsen oder Marcel Proust ... Zwischen den Blättern eines dieser Hefte befand sich, zufällig herausfallend, wie eine giftige Blume eine dunkelrote Briefmarke mit dem Bildnis von Marschall Pétain. Und zwischen mehreren freigelassenen Seiten eine schlecht getarnte Verwegenheit: das *Partisanenlied*, »Worte von Joseph Kessel«.

In einem kurzen maschinegeschriebenen Brief auf Spanisch aus Buenos Aires wendet sich 1952 ein Verwandter namens Simon Szejman – der als kommunistischer Widerstandskämpfer aus Polen ostwärts geflohen, in die Rote Armee eingetreten und dann im Gulag interniert worden war, aus dem ihm die Flucht gelang – an seine »queridos sobrinos«, um sie um eine Photographie der kleinen Evelyne, geboren 1949, zu bitten. Schließlich gibt es, mit einem scharlachroten Stempel versehen, zwei offizielle Schreiben des Roten Kreuzes. Das erste wurde am 11. Februar 1943 aus Genf abgesandt: »Wir möchten Sie darüber informieren, dass die Unterstützung, die wir auf Ihre Bitte hin an Madame Szejman Wolff, Witwe, in Warschau überwiesen haben, soeben an uns zurückgesandt wurde mit dem Hinweis, dass die Begünstigte nicht erschienen ist, um den Betrag in Empfang zu nehmen. Wir bitten Sie, uns mitzuteilen, ob wir Ihnen diese Summe über unser Postscheckkonto in Lyon zurückerstatten können.«

Die Warschauer Verwandte, der man die »Unterstützung« zugesandt hatte, war also nicht »erschienen«, und das mit Grund. Bei wem hätte sie »erscheinen« können? War sie nicht seit einiger Zeit »abwesend«, seit einem grausamen Ereignis, von dem ich nichts weiß und gewiss nie etwas wissen werde? Hatten nicht schon am 22. Juli 1942 in Warschau die ersten großen Deportationen der *Aktion Reinhardt* nach Treblinka stattgefunden (an einem Tag, der merkwürdigerweise mit dem Fest Tisch'a be'Av zusammenfiel, mit dem der Zerstörung des Jerusalemer Tempels gedacht wird)? Hatte nicht Adam Czerniaków, der Vorsitzende des Judenrats des Warschauer Ghettos, schon am 23. Juli Selbstmord begangen, als er begriff, dass es ihm nicht einmal gelingen würde, die Kinder zu retten? Begann nicht am 21. September 1942, dem Tag des Jom Kippur, die letzte Etappe der sogenannten »großen Aussiedlung«, bei der fast 300.000 Juden des Warschauer Ghettos den Tod finden sollten? Wo sollte unter diesen Bedingungen »Madame Szejman Wolff, Witwe«, im Februar 1943 sein?

Dieser erste Brief wird also an Jonas Huberman und seine Frau im Herzen der französischen Provinz gelangt sein, in einem Moment der Angst und der Unwissenheit über das, was damals innerhalb der Mauern des Warschauer Ghettos geschah, wo ein großer Teil dieser Familie wohnte. Dann wurden sie selbst von einem Nachbarn bei der französischen Polizei denunziert und bald über das Gefangenenlager Drancy nach Polen zurückgeschickt und mit dem Konvoi Nr. 72 vom 29. April 1944 nach Auschwitz-Birkenau zur Vergasung deportiert. Übrigens finde ich unter den vergilbten Papieren einen zweiten Brief vom Roten Kreuz, diesmal vom »Vermissten-Suchdienst«, an ihre Tochter. Er datiert vom 17. Oktober 1944 und erklärt, dass »es uns gegenwärtig unmöglich ist, Auskünfte [über] Monsieur und Madame Jean Huberman zu erhalten, die im Gefängnis von Clermont-Ferrand inhaftiert waren und [dann] von den Deutschen deportiert wurden ...«

Armselige vergilbte Papiere. Verstreute Blätter, tot und gerettet zugleich. Vertrocknete Blätter, abgefallene Borke von einem Stamm-Baum, der selbst Teil jenes riesigen Waldes ist, den wir Geschichte nennen. Der Wind des Bösen, das der Mensch dem Menschen anzutun weiß, weht in einem unermesslichen Raum, in einer endlosen Zeit. Trotzdem wird es immer ein paar Äste geben, die dem Bösen trotzen, stärker als andere. Immer werden sich einige Arme erheben aus dem elementaren Verlangen zu überleben, sich zu befreien, dem Tod zu trotzen.

Zerstoben, die Gelegenheiten, hier und da und immer wieder auf ein solches brennendes Begehren zurückzukommen: Wenn ein paar wenige sich widersetzen, erschüttern sie eine Situation des Schreckens, die allen aufgezwungen wurde.

Seit meiner Kindheit umkreise ich in Gedanken eine solche Situation, die des Warschauer Ghettos zwischen 1939 und 1943. Eine solche Situation zu verstehen ist gewiss eine Herausforderung an unsere Vorstellungskraft. Doch die Vorstellungskraft – diese Fähigkeit, die ethisch und politisch ist, noch bevor sie sich etwa literarisch oder künstlerisch ausdrückt – entfaltet sich jedenfalls in der Dimension der Herausforderung, des Anspruchs, der unmöglichen Inbesitznahme. Wir besitzen nicht, was wir uns vorstellen. Wir imaginieren zerstreut, unvollständig. Wir mühen uns ab mit der Vorstellung, wir brüten darüber, wir bleiben immer etwas schuldig. Trotzdem bahnen wir uns mit der Vorstellungskraft die notwendigen Wege zum historischen Verständnis und zur politischen Interpretation. Seine Vorstellungskraft einzusetzen wäre dann letztlich keine Sache der individuellen Phantasie, sondern die Herausforderung, etwas zu wissen, das uns nicht unmittelbar, klar und deutlich gegeben ist. Etwas, das aus der Distanz unser Gewissen »anruft« – so wie heute der Krieg, der in Syrien gegen ein ganzes Volk geführt wird – oder aus einer Vergangenheit, die wie jene des Warschauer Ghettos tatsächlich unsere Vorstellungskraft zu übersteigen scheint.

Vor etwa zwei Jahren verspürte ich das Bedürfnis, auf einige der Fragen zurückzukommen, die mehr denn je die menschliche Situation des Warschauer Ghettos an uns richtet. Erneut las ich die klassischen Dokumentationen – wie die von Michel Borwicz, die mich schon als Jugendlichen erschüttert hatte[3] – und einige der zeitgenössischen Chroniken von Adam Czerniaków, Hillel Seidman oder Ionas Turkov.[4] Ich versuchte vor allem, die außerordentliche Stärke zu begreifen –außerordentlich, weil sie so verzweifelt war, ihrer moralischen Berechtigung ebenso gewiss wie ihrer baldigen Niederlage –, der eine kleine Anzahl von Menschen dazu getrieben hatte, sich gegen die Nazi-Unterdrükker aufzulehnen. Ein ungeheurer Wille zum Aufstand, zur Erhebung. Ein brennendes, bald ausgebranntes Verlangen, das in Asche und Schutt endete, weil das Ghetto auf Befehl des SS-Generals Jürgen Stroop systematisch in Brand gesteckt und dem Erdboden gleichgemacht wurde.

Die meisten Aufständischen waren sehr jung, so wie Mordechai Anielewicz, Kommandeur der Kampforganisation, der im Alter von vierundzwanzig Jahren mit der Waffe in der Hand starb. Von ihm bleibt uns ein kurzer

3 Michel [Michał] Borwicz (Hg.), *L'Insurrection du ghetto de Varsovie*, Paris: Juillard 1966.

4 *Das Tagebuch des Adam Czerniaków. Im Warschauer Ghetto 1939–1942*, aus dem Polnischen von Silke Lent, mit einem Nachwort von Marcel Reich-Ranicki, München: Beck 2013; Hillel Seidman, *Du fond de l'abîme. Journal du ghetto de Varsovie (Juillet 1942–mars 1943)*, aus dem Hebräischen und Jiddischen von Nathan Weinstock, Paris: Plon 1998; Ionas Turkov, *C'était ainsi. 1939–1943: la vie dans le ghetto de Varsovie* (1948), aus dem Jiddischen von Maurice Pfeffer, Paris: Éditions Austral 1995.

Zerstoben

testamentarischer Brief, doch manche seiner Kameraden, wie Marek Edelman (ebenso jung wie er) oder Bernard Goldstein, haben ausführliche und bemerkenswerte Chroniken verfasst, sachliche wie reflektierende Darstellungen der Ereignisse: Sie beschreiben die Notsituationen, ohne jemals deren psychische, soziale und natürlich politische Aspekte zu vergessen[5] (Edelman und Goldstein sind beide Mitglieder des *Bundes*, der Emanzipationsbewegung der jüdischen Arbeiter, die man damals »sozialistisch« nannte und heute als linksextrem bezeichnen würde). Seite um Seite ertasten wir, was *sich widersetzen* bedeutet. Wir entdecken auch – wie in den später verfassten Erinnerungen von Yitzhak Zuckerman (genannt »Antek«) oder Simha Rotem (genannt »Kazik«)[6] –, dass die Handlungen, in denen der Aufstand sich Bahn bricht, sich auf jeder Ebene des Daseins äußern, von der bescheidensten bis zur heftigsten, von der heitersten bis zur verzweifeltsten, von der sanftesten bis zur gewaltsamsten.

Aus dieser tragischen Geschichte tritt bald die Gestalt des Mannes hervor, der unermüdlich – natürlich heimlich – daran arbeitete, diese Geschichte »wißbar« zu machen: eine verstreute, zerstobene [*éparse*], doch sehr präzise Geschichtsschreibung (der Erfahrung) des Warschauer Ghet-

5 Marek Edelman, *Das Ghetto kämpft*, aus dem Polnischen von Ewa und Jerzy Czerwiakowski, Berlin: Harald-Kater-Verlag 1993; ders., *Die Liebe im Ghetto*, aufgeschrieben und mit einem Vorwort von Paula Sawicka, aus dem Polnischen von Joanna Manc, Frankfurt a. M.: Schöffling & Co. 2013; Bernard Goldstein, *»Die Sterne sind Zeugen«. Der bewaffnete Aufstand im Warschauer Ghetto. Bericht eines der Anführer*, mit einem Geleitwort von Beate Klarsfeld, Freiburg i. B.: Ahriman Verlag 1992.

6 Yitzhak Zuckerman (»Antek«), *A Surplus of Memory. Chronicle of the Warsaw Ghetto Uprising* (1990), aus dem Hebräischen von Barbara Harshav, Berkeley/Los Angeles: University of California Press 1993; Simha Rotem (»Kazik«), *Erinnerungen eines Ghettokämpfers* (1993), Berlin: Verlag der Buchläden Schwarze Risse 1996. Vgl. auch, neben weiteren Zeugnissen, David Klin, *Á cache-cache avec la mort. Un résistant juif à Varsovie de 1939–1945* (1968), aus dem Jiddischen von Bernard Vaisbrot, Paris: Éditions Le Manuscrit 2017.

tos zu schaffen. Das war Emanuel Ringelblum. Er arbeitete ständig in diesen beiden Richtungen zugleich: einer Geschichte, die es zu überleben galt (die er erdulden musste und die er um den Preis aberwitziger Risiken zu beeinflussen versuchte), und einer Geschichte, die es überleben zu lassen galt (indem er sie aufschrieb und durch geduldiges Festhalten von Notizen dokumentierte). Zwischen diesen beiden Richtungen erwies sich Ringelblum als ebenso konsequent wie zerrissen: Gewiss muss er sich selbst bei dieser zweifachen Aufgabe, die er übernommen hatte, »vereinzelt« gefühlt haben.

Emanuel Ringelblum erhob sich also, um die Geschichte der Seinen zu schreiben, die zum Untergang bestimmt waren – damit sie in die Hände anderer gelangen und von denen gelesen werden konnte, die zum Überleben bestimmt waren und zu denen wir noch heute zählen. Er war ein *schreibender Widerstandskämpfer*, ein Kämpfer, dessen Waffe das Papier war, der noch in seinem allerletzten Versteck rastlos seine Blätter vollschrieb, ehe er im März 1944 verhaftet und mit seiner Frau und seinem kleinen Sohn erschossen wurde. Das Militär oder die politischen Führer verspotten häufig das Papier: Ein »Papiertiger« ist gewiss viel anfälliger und weniger tauglich, die Macht zu ergreifen, als ein gut ausgerüstetes Bataillon. Oft bleibt uns vor unserem Blatt Papier also nur, unsere Ohnmacht zu beweinen. Doch es kommt vor, dass ein bescheidenes Bündel Papier die Bataillone, die Militärs und auch die Führer überlebt, ohne auf die Grenze zwischen Siegern und Besiegten Rücksicht zu nehmen. Darin liegt die Macht des Papiers: Die Beschriftung einer Zellulosefläche mit Tinte oder Bleistift vermag länger zu überdauern als wir Menschenwesen. Das Blatt Papier, so empfindlich es ist, so sehr es vom Feuer bedroht ist – vermag es nicht seinen Urheber zu überleben, seinen Zensor wie seinen Leser?

Zwischen Januar und Mai 2017 habe ich an der *École des hautes Études en Sciences sociales* einige Seminarsitzungen zu dieser Geschichte abgehalten. Als Grundlage diente ein vorab verfasster Text, der sich um die Frage drehte: Wie kann man sich widersetzen, wenn man *mit dem Rücken zur Wand* steht, an der Mauer des Ghettos natürlich, aber auch an der Mauer einer vorprogrammierten, totalen Ausweglosigkeit?[7] Natürlich habe ich bei dieser Gelegenheit die mir zur Verfügung stehenden ikonographischen Quellen genutzt und aus ihnen einige Bilder abphotographiert, die jetzt auf meinem Schreibtisch liegen: ein illegales Flugblatt der Jugendbewegung des *Bundes* – eigentlich der Umschlag der Zeitschrift *Yugnt shtime* (»Jugendstimme«) vom Dezember 1940 –, das zum Aufstand und zur Verbrüderung mit dem polnischen Widerstand aufruft; Bilder vom Bau der Umfassungsmauer, die entweder einem ausgehungerten Bettler als Lehne dient oder von der SS bei Razzien dazu benutzt wird, die Bevölkerung zusammenzutreiben und »die Leute an die Wand zu kleben«, wie man sagte, oder die von denen erklommen wird, die zu flüchten versuchen oder wenigstens von der »arischen Seite« aus Nahrungsmittel in dieses Backsteingefängnis zu schmuggeln.

Ich hatte auch zwei Bildquellen angefordert, die von den Deutschen selbst produziert worden waren: einerseits die Photographien, die Heinrich Jöst am 19. September 1941 während seines »Besuchs« in den Straßen des Ghettos aufgenommen hatte, und andererseits jene, die dem berüchtigten *Stroop-Bericht* vom Mai 1943 über die Unterdrückung des Aufstands und die Auslöschung alles noch übrig gebliebenen Lebens im Ghetto beigefügt waren. Obwohl aus der Perspektive der Nazis aufgenommen, gehören die Bilder aus diesem militärischen Dossier bis heute zu den bewegendsten, die uns überliefert sind: Man denke an das berühmte Photo des kleinen jüdischen Jungen mit erhobenen Armen vor den Gewehren (und der Kamera) der SS oder an

7 Georges Didi-Huberman, *Désirer désobéir. Ce qui nous soulève*, 1, Paris: Les Éditions de Minuit 2019, S. 353–381.

die unbeugsame Würde der gerade festgenommenen aufständischen Männer und Frauen, die einem sicheren, erbarmungslosen, unmittelbar bevorstehenden Tod geweiht waren.

Am Ende einer dieser Seminarsitzungen sprach mich ein zurückhaltender, etwas undurchschaubarer Mann an, den ich nicht kannte. Er sagte zu mir auf Englisch – mit starkem polnischen Akzent –, dass ich vielleicht einen Blick auf jenen kleinen Bestand an Photographien werfen sollte, der von Emanuel Ringelblum und seiner Gruppe zusammen mit der Masse von Archivmaterialien am 3. August 1942, am dreizehnten Tag der »Großen Aussiedlung« der Juden aus dem Ghetto, vergraben worden war. Ich war verblüfft. Nie ist von diesen Photographien die Rede. Nie wurden sie veröffentlicht. Wie ist das möglich bei einem historischen Gegenstand, der so wenig visuell dokumentiert ist? In der französischen Ausgabe der *Archives clandestines du ghetto de Varsovie (Archives Emanuel Ringelblum)* – bisher sind zwei Bände von den fünfunddreißig existierenden der polnischen Ausgabe erschienen, von der wiederum noch weitere fünf Bände in Vorbereitung sind[8] – wird davon nie gesprochen, außer sehr knapp, gleichsam im Vorübergehen und ohne nähere Angaben im Vorwort der polnischen wissenschaftlichen Herausgeberin Ruta Sakowska.[9]

Ich fragte natürlich diesen Mann, der sich als Rafał Lewandowski vorstellte und der sich in seinen umfangreichen Arbeiten mit der Frage des Verhältnisses von Photo-

8 *Archives Ringelblum. Archives clandestines du ghetto de Varsovie*, Bd. I: *Lettres sur l'anéantissment des Juifs de Pologne*; Bd. II: *Les enfants et l'enseignement clandestin dans le ghetto de Varsovie*, herausgegeben von Ruta Sakowska, übersetzt von B. Baum u. a., Paris: Fayard-BDIC 2007. Die Referenzedition ist das *Archiwum Ringelbluma. Konspiracyjne Archiwum Getta Warszawy*, unter der Leitung von K. Person, E. Bergman und T. Epsztein, Warschau: Żdowski Instytut Historyczny im. Emanuela Ringelbluma 1997–2017.

9 Ruta Sakowska, »Introduction«, in: *Archives Ringelblum*, a. a. O., Bd. I, S. 17.

graphie und Archäologie beschäftigte, was für Bilder diese Sammlung von Photos enthielt. Er sagte zunächst, er wisse darüber nicht viel und er könne mir keine davon zeigen, weil all das in einem Koffer in Warschau schlummere. Er wiederholte: »Sie sollten hinfahren und sie selbst in Augenschein nehmen.« Monate vergingen. Eines Tages kam er zurück und sagte, er könne mir nun einige dieser Bilder auf seinem Rechner zeigen. Ich habe sie betrachtet. Ich habe sofort begriffen, dass von ihnen – im Verhältnis zu der bisher veröffentlichten Ikonographie dieser Ereignisse – so etwas wie eine Erwartung, ein Appell ausging. Ein stummer Schatz – doch ein Schatz *stummer Schreie*, ein »Leidschatz«, wie Aby Warburg sagte.

Ich bin also – selbst völlig aufgewühlt – in jene gespenstische Stadt Warschau zurückgekehrt.

Zerstoben, die Überreste der Zerstörung, die ein urbaner Raum wie der der Stadt Warschau in der Geschichte erleiden kann.

Der SS-General Jürgen Stroop begnügte sich nicht damit, im Mai 1943 den Aufstand von gerade einmal siebenhundertfünfzig Juden des Warschauer Ghettos, die ihm mehrere Wochen lang mit ein paar Granaten und Pistolen die Stirn geboten hatten, mit seinen hochgerüsteten Soldaten, seiner schweren Artillerie, seinen Panzern und sogar seiner Luftwaffe bloß zu vernichten. Sein Zorn breitete sich über das gesamte Gebiet aus. Er brannte Haus für Haus nieder. Er hatte die Große Synagoge sprengen lassen. Er verwandelte schließlich den gesamten Raum des Ghettos in eine einzige Wüste aus Schutt und Asche. Auf den Photos aus jener Zeit erhebt sich aus der Steinwüste einzig der Glokkenturm der nächstgelegenen Kirche: was auf eine gezielte Zertrümmerung ohnegleichen deutet. Selbst die unter dem Zwang der Nazis von den Juden selbst errichtete und bezahlte Ziegelmauer, selbst die Ghettomauer sollte bei dieser Verwüstung verschwinden.

Ich laufe durch Warschau. Ich sehe nichts von alldem, außer einem nicht sehr zuverlässig erscheinenden Schild, das die Richtung zum *Umschlagplatz* angibt, dem Platz, wo die Selektionen stattfanden und von dem aus die Konvois zu den Gaskammern von Treblinka abgingen. Zweifellos eine »Erinnerungstafel«, sage ich mir, nützlich für die Touristen, die gekommen sind, um sich zu erinnern, auch wenn heute nichts mehr wiederzuerkennen ist. Ein wenig später bin ich in Begleitung einer Spezialistin für die Topographie des Ghettos, Agnieszka Kajczyk. Sie weiß, wo die Überreste zu finden sind. Sie arbeitet am Jüdischen Historischen Institut von Warschau, der Einrichtung, die Emanuel Ringelblums Archiv aufbewahrt und die mich einlädt, drei Tage zu bleiben, um die besagten Photographien des Ghettos zu betrachten.

Erst einmal die Straße. Hier ein paar Pflastersteine aus jener Zeit. Das Ende einer Straßenbahnschiene. Dort vier Drähte, die jüngst zwischen zwei Pylonen gespannt wurden, um anzudeuten, wo und in welcher Höhe sich die Holzbrücke befand, die für einige Monate die fast normale Betriebsamkeit der »arischen Zone« überspannte. An anderer Stelle ein paar alte Gebäude in Trümmern, zerbrochene, aufklaffende Fenster. Pflanzenbewuchs auf dem Mauerwerk; Papierfetzen, vom Wind verweht; ein Obdachloser, der dort, in einer Ecke der versperrten Tür, haust; Einschusslöcher in den Wänden. Und dann, in einem anderen Hinterhof, steht ein erhaltenes Stück der Ghettomauer. Die Ziegel, mit grauem Zement verbunden, haben ihre roten und orangen Farbtöne bewahrt. Man kann die genaue Höhe abschätzen. Pilger – und manchmal Museumsinstitutionen wie Yad Vashem in Jerusalem oder das Museum von Houston, Texas – haben aus der Mauer ein oder zwei Ziegel entfernt und dadurch Hohlräume geschaffen, in die kleine Steinchen abgelegt wurden, wie auf den Gräbern jüdischer Friedhöfe. Ein Stück weiter in einer anderen Straße photographiere ich einen Lumpenproletarier von heute – einen Einwanderer –, der dabei ist, eine moderne Mauer aus der gleichen Art von Ziegeln instandzusetzen.

Als die Schlinge, verkörpert durch diese Ziegelmauer, sich um die jüdische Bevölkerung Warschaus zusammenzog, traf Emanuel Ringelblum drei wesentliche Entscheidungen. Die erste war *zu bleiben*. Das sinkende Schiff nicht zu verlassen. Wissend, dass er mit den anderen hungern würde, dass sein Leben – und das seiner Familie – bei jeder Razzia, bei jedem Einsatz der SS, kurz, an jeder Straßenecke und in jedem Augenblick dieser abgeriegelten Zeit auf dem Spiel stehen würde. Die zweite Entscheidung war *zu helfen*: zusammen mit anderen für die anderen zu handeln, für diese immer erbarmungsloser bedrohte Gemeinschaft. Samuel Kassow hat in seiner großen Studie über das Archiv des Warschauer Ghettos detailliert beschrieben, wie Ringelblum unermüdlich im Rahmen einer Selbsthilfeorganisation namens *Aleynhilf* arbeitete, die bereits in ihrem Namen die Idee einer Hilfe trug, die dem anderen und damit zugleich sich selbst geleistet wird.[10]

Das war natürlich eine politische Entscheidung. Sie stand im Widerspruch zu der Verhandlungsbereitschaft des Judenrates, der von den Nazis ernannt und vollständig kontrolliert wurde. Diese Entscheidung wurzelte bei Ringelblum in einem unerschütterlichen Engagement – seit 1920 – für den »linksradikalen« und marxistischen Flügel der Partei *Poalei Tsiyon*, den Flügel, der folgerichtig die *Linke Poalei Tsiyon* genannt wurde und, in Opposition zu den Rechtszionisten, von der Persönlichkeit Ber Borochows geprägt war.[11] Unter diesen Voraussetzungen leuchtet ein, warum Emanuel Ringelblum eine Schrittmacherrolle bei der Entwicklung der »Hauskomitees« spielte, einer Art Bürgerkomitees des Ghettos, die versuchten, ihr Leben autonom und folglich

10 Samuel D. Kassow, *Ringelblums Vermächtnis. Das geheime Archiv des Warschauer Ghettos*, aus dem Englischen von Karl Heinz Siber, Reinbek: Rowohlt 2010, S. 147–227.
11 Ebd., S. 53–84.

weitgehend im verborgenen zu organisieren. In seinem persönlichen Tagebuch findet man eine Reihe von Überlegungen, Argumenten oder Bedenken zu der Frage der Suppenküchen, die von elementarer Notwendigkeit waren. Im August 1941 schrieb er zum Beispiel: »Die Frage, was aus den Bettlern werden soll, steht ständig auf unserer Tagesordnung, unabhängig von den 120.000 Mittagsmahlzeiten.«[12]

Die dritte Entscheidung schließlich war *zu schreiben*. Zu erzählen, zu beschreiben, zu kopieren, zu sammeln, abzugleichen. Dokumente zu sammeln, alle möglichen Dokumente: Manuskripte, Typoskripte, vervielfältigte oder gedruckte Texte. Auf Jiddisch, auf Hebräisch, auf Polnisch, auf Deutsch. Geduldig erstellte Statistiken. Essays, Gedichte, Fiktionen, Chroniken. Theaterstücke, Hausaufgaben, die von Kindern in den geheimen Schulen angefertigt worden waren (die Deutschen hatten den Schulunterricht im Ghetto verboten). Straßenlieder. Zeichnungen, Postkarten. Zettel, die hastig aus den Viehwaggons auf dem Weg nach Treblinka geworfen worden waren. Lagerpläne, die von den ganz wenigen gezeichnet wurden, die entkommen konnten.

Die Schaffung eines solchen Korpus von Zeugnissen – als Material für die Anklage vor dem Tribunal der Geschichte – war natürlich eine politische Entscheidung. Sie konnte nur eine kollektive und geheime sein. Sie setzte den Zusammenschluss einer Gruppe von »Genossen« voraus, die intensiv an dieser außerordentlichen Sammlung arbeiteten, von der 35.369 Blatt nach dem Krieg wiedergefunden wurden. Diese Gruppe traf sich heimlich jeden Samstag, daher ihr Name *Oyneg Shabes* – Jiddisch für »die Freude des Sabbat«, auf Hebräisch *Oneg Shabbat* – eine ironische Bezeichnung, immerhin handelte es sich um Arbeitstreffen. Keine der großen historischen Darstellungen des Warschauer Ghettos –

12 Emanuel Ringelblum, *Oneg Shabbat. Journal du ghetto de Varsovie*, aus dem Jiddischen von Nathan Weinstock und Isabelle Rozenbaumas, Paris: Calmann-Lévy 2017, S. 257.

insbesondere die von Yisrael Gutman oder die von Barbara Engelking und Jacek Leociak[13] – wäre ohne diese ebenso riskante wie geduldige Schreib- und Sammelarbeit möglich gewesen: eine mikrologische Arbeit in den Dimensionen eines gewöhnlichen Blatts Papier.

Vor den Resten der Ziegelmauer des Ghettos ertappte ich mich dabei, die Steinchen in den Vertiefungen als Gegenstände der Klage zu betrachten, als kristallisierte Tränen in der Erwartung eines Wortes, aber nicht bloß des Wortes eines Gebets. Da erinnerte ich mich an die Allegorie, die Gustawa Jarecka – Mitglied von *Oyneg Shabes* – einige Zeit vor ihrem Transport nach Treblinka, wo sie im Januar 1943 mit ihren beiden Kindern starb, verwendet hatte: »Die Chronik [die wir schreiben] muss wie ein Keil unter das Rad der Geschichte geklemmt werden, um es zum Stehen zu bringen. [...] Man kann alle Hoffnungen verlieren außer der einen – dass das Leid und die Verheerungen dieses Krieges einen Sinn ergeben werden, wenn man aus der Ferne, aus einer geschichtlichen Perspektive darauf zurückblickt.«[14]

Gustawa Jarecka stand mit dem Rücken zur Wand, gefangen in der Falle ihrer Unterdrücker. Es geschah kein Wunder für sie, nur für ihre Sätze, die man heute noch, über ihren Tod hinaus, lesen kann. Dieses Wunder ist im übrigen keines: Es ist die einfache Kraft des Beharrens, die der bloße Akt des Schreibens freisetzt. Jareckas Sinnbild des Steins, der das Rad der Geschichte blockiert, könnte der Stein des Aufruhrs sein, den die Unterdrückten ihren Unterdrückern entgegenschleudern. Es könnte auch in Betracht gezogen werden als die denkbar stärkste und ergreifendste Eloge auf

13 Yisrael Gutman, *The Jews of Warsaw, 1939–1945: Ghetto, Underground, Revolt*, Bloomington: Indiana University Press 1982; ders., *Resistance: The Warsaw Ghetto Uprising*, Boston, New York: Mariner Books / Houghton Mifflin Company 1994; Barbara Engelking und Jacek Leociak, *The Warsaw Ghetto: a Guide to the Perished City* (2001), übersetzt von E. Harris, New Haven, London: Yale University Press 2009.

14 Zitiert von Kassow, *Ringelblums Vermächtnis*, a. a. O., S. 23.

die bescheidene Wirkung jener so oft hastig bekritzelten Papiere: die Stimmen der Untergehenden vernehmbar zu machen, ihre Geschichte für die anderen, für die Zukunft zu erzählen. Und aus diesen Berichten eine Revolte *in actu* zu machen – ja, in Akten, aus Papier – gegen die Schurken.

Zerstoben, die Keller, die Verstecke, in denen sich, wenigstens zeitweise, bedrohte Menschen oder Überbleibsel vor dem suchenden Feind verbergen konnten.

Wie alle Untergrundaktivisten war Emanuel Ringelblum – bei seinen fortwährenden Nachforschungen auf der Suche nach Zeugnissen jeder Art – zu einem unaufhörlichen Ortswechsel gezwungen, zum ständigen Durchqueren des Ghettos und manchmal auch zum Überqueren der gefährlichen Grenze durch die Kanalisation. Er bewegte sich im Zickzack, um seine Fährte zu verwischen. Er verzweigte seine Pfade, um möglichst wenig Spuren zu hinterlassen. Sein Leben richtete sich an zwei festen Punkten aus – Hilfe zu leisten (Arbeit in der Selbsthilfe) und Anklage zu erheben (Arbeit an der Geschichte) –, doch es war geprägt von den wirren Umständen und den Umwegen, die sie erzwangen. Er musste sich Notizen machen oder riskante Papiere zusammentragen, zum Beispiel Untergrundzeitungen, und deshalb musste er hierhin und dorthin laufen, möglichst viele Informanten treffen, häufig einen Blick hinter sich werfen. Auch wenn das Archiv *Oyneg Shabes* im Pferch des Warschauer Ghettos entstand, bedurfte es unzähliger Pfade, Begegnungen, Querverbindungen, Grenzüberschreitungen, diskreter Verhandlungen, Bewegungen im Schatten.

Aus einer solchen labilen Position gelang es Ringelblum und seinen Mitarbeitern, mit verblüffender Präzision das alltägliche Leben – und das alltägliche Sterben – der Ghettobewohner zu dokumentieren. Man spürt das in dem Tagebuch des Historikers, zum Beispiel wenn er am 8. Mai 1942 beobachtet, wie die Deutschen einen Propagandafilm über das Ghetto drehen: »Sie filmen jetzt das Ghetto. Zwei Tage lang haben sie im jüdischen Gefängnis und in der *kehillah* [dem Sitz des Judenrats] gedreht. In der Smocza-Straße haben sie eine Menge von Juden zusammengetrieben und den jüdischen Polizisten befohlen, sie zu zerstreuen.«[15] Wie zur gleichen Zeit Victor Klemperer in Dresden informiert er auch so präzise wie möglich über die Syntax und das antijüdische Vokabular der Deutschen (»Epidemie, Ungeziefer«) und der Polen (»Bolschewik, Antichrist«).[16]

Er beschreibt minutiös den Entwicklungsprozess des Antisemitismus, der von der dümmsten Schikane – etwa wenn Wedel, der bekannteste Warschauer Konditor, ab Dezember 1939 keine Schokolade mehr an Juden verkauft[17] – über die geschändeten Friedhöfe oder die Verpflichtung der Juden, eigenhändig ihre Kultgegenstände in den Synagogen zu zerstören, bis zur blanken Vernichtung reicht.[18] Kühl beschreibt er im einzelnen den berüchtigten *Umschlagplatz*.[19] Er verfasst einen ganzen Essay über die Zwangsarbeit unter dem Titel »Die Kennzeichen moderner Sklaverei«.[20] Uner-

15 Emanuel Ringelblum, *Oneg Shabbat*, a. a. O., S. 327.
16 Ebd., S. 256 und 300.
17 Ebd., S. 30.
18 Ebd., S. 175 und 198.
19 Ebd., S. 363 f.
20 Ebd., S. 374–377.

müdlich kritzelt er hastig Resümees wie dieses: »Sie prügeln [die Leute] auf die Ohren und den Kopf, bis sie tot sind. [...] Ehe man sie tötet, müssen sich die Juden mit dem Gesicht zur Mauer aufstellen. [...] Es war die Hölle. Eine entsetzliche Menschenjagd. [...] Die Tatsache, die Juden mit dem Gesicht zur Mauer aufzustellen, als Attraktion.«[21]

Als strenger Historiker versucht Ringelblum auch, die Sterblichkeitskurven im Ghetto von Tag zu Tag statistisch zu erfassen. Es ist die erschreckende Aufzählung von über hunderttausend Juden, die zwischen September 1939 und Mitte Juli 1942 verhungern oder an Hungerkrankheiten sterben, und dann zwischen dem 22. Juli und dem 21. September 1942 über dreihunderttausend, die zum Vergasen nach Treblinka geschickt werden. »Man schätzt, dass weniger als die Hälfte am Leben bleiben wird«, schreibt er am 15. November 1940, natürlich ohne von dem kommenden Beschluss einer »Endlösung« etwas zu ahnen.[22] Am 18. März 1941 schreibt er: »Es vergeht praktisch kein Tag, an dem ich nicht zwei oder drei Leute auf der Straße vor Hunger tot zusammenbrechen sehe.«[23] Im März 1941 berechnet Ringelblum die Sterblichkeit im Ghetto auf 400 Personen wöchentlich, statt wie bisher 200 in vierzehn Tagen. Am 21. April heißt es: »Die Sterblichkeit unter der jüdischen Bevölkerung ist kolossal. Sie ist von 150 auf 500 bis 600 pro Woche gestiegen. [...] Massenhaft liegen die Leute ohnmächtig auf der Straße.«[24] Ende Mai hat »die Sterblichkeit katastrophale Ausmaße angenommen, sie war siebenmal höher als im November«, bis hin zu jener paradoxen Situation: »Die Sterblichkeit ist so sehr gestiegen, dass die Hauskomitees gezwungen sind, sich mehr mit den Toten als mit den Lebenden zu befassen.«[25]

21 Ebd., S. 76, 109 und 116.
22 Ebd., S. 161.
23 Ebd., S. 210.
24 Ebd., S. 206 und 234.
25 Ebd., S. 239 und 243.

Dieses ganze Archiv der Vernichtung eines Volkes ist also nicht nur eine wissenschaftliche Großtat, sondern zugleich ein Akt der gegenseitigen Hilfe und Ausdruck eines Leidens, das den Archivar selbst unmittelbar traf. Er war selbst in den Prozess verstrickt, den er beobachtete und gleichzeitig erlitt. Wenn in dem Tagebuch Emanuel Ringelblums und überhaupt in seinem Archiv eine Klage enthalten ist, dann ist es die, dass der Historiker wie alle seine Kameraden selbst die Schläge empfing, die er im Schmerz der anderen beobachtete. Im Grunde war er ein Sterbender, der mit äußerster Klarsicht – während er fieberhaft seine Notizen anfertigte, Berge von Papier auftürmte – seinem eigenen Volk beim Sterben zusah.

Ein klarsichtiger Sterbender. Ein Sterbender, der von dem ungeheuren Wunsch beseelt war, dass, sollte er nicht überleben, wenigstens seine Konvolute von Papieren ihn überleben würden; dass die »Beschwerdebriefe« und Schmerzensdokumente seines Volkes die vom Unterdrükker aufgezwungene Mauer des Schreckens und der Lüge überwinden und zu den anderen Völkern der Welt und allen künftigen Generationen gelangen würden. Zumindest das, so viel kann man sagen, ist Ringelblum gelungen, wenn auch unvollständig. Es ist ihm nicht gelungen, das Leben seines Sohnes Uri, seiner Frau Yehudis und sein eigenes zu retten; sie wurden alle im März 1944 gefasst und kurz darauf erschossen, obwohl sie sich in der »arischen Zone« in einem vermeintlich gut geschützten unterirdischen »Bunker« in der Grójecka-Straße verborgen hatten.[26]

Inzwischen war am 3. August 1942 – das heißt am dreizehnten Tag der ersten »Massenaktion« – ein Teil der gesammelten Dokumente in zehn Blechkisten gepackt und im Kellergeschoss des Hauses Nowolipki-Straße 68 vergraben worden. Der Ort ist nicht neutral und sein symbolischer Wert beträchtlich: Dort befand sich die geheime jiddische

26 Samuel D. Kassow, *Ringelblums Vermächtnis*, a. a. O., S. 527–604.

Grundschule Ber Borochow, die den Namen des politischen »Lehrers« Emanuel Ringelblums trug. Das Vergraben dieses Teils des Archivs fand unter der Aufsicht eines wichtigen Mitglieds von *Oyneg Shabes*, Israel Lichtensztajn, statt, dem zwei seiner Schüler, David Graber (19 Jahre) und Nachum Grzywacz (18 Jahre), dabei halfen. Beide fügten den Stapeln der gesammelten Papiere ihre eigenen Biographien und Testamente bei.

Ein zweiter Teil des Ringelblum-Archivs wurde in zwei großen Milchkannen verschlossen und zwischen Ende Februar und Anfang März 1943 in derselben Gegend abgelegt. Ihr Versteck wurde sorgfältig vermauert. Ein dritter Teil wurde noch vor dem Aufstand des Ghettos im Keller eines anderen Wohnhauses an der Swietojerska-Straße 31 vergraben, wo man nach dem Krieg nur ein kleines Bündel verbrannter Dokumente fand. Zu diesem angeblich versteckten oder gestohlenen »dritten Teil« gehen noch einige Gerüchte um (zumal an diesem Ort heute die Botschaft Chinas steht, eine undurchsichtige Einrichtung, die zu jeder Art von Mutmaßungen Anlass bietet).

Die meisten Mitarbeiter von *Oyneg Shabes* – etwa fünfzig oder sechzig, Samuel Kassow zufolge[27] – wurden mit ihren Familien ermordet, ohne Spuren zu hinterlassen. Man wird also nie alle beim Namen nennen, sie nur kollektiv rühmen können. Drei von ihnen überlebten gleichwohl: Hersh Wasser und seine Frau Bluma – die mehrfach unter den verrücktesten Umständen nur knapp dem Tode entronnen waren – und Rachel Auerbach, die ihre Aufzeichnungen im Juli 1942 dem Archiv übergab, Zeugnisse, die wegen ihrer Mischung aus Verzweiflung und dem energischen Wunsch nach Rache immer noch verblüffen. Auf einer Versammlung, die in dem noch völlig zertrümmerten Warschau anlässlich des dritten Jahrestages des Ghettoaufstandes organisiert worden war, ergriff Rachel Auerbach im April 1946

27 Ebd., S. 240.

das Wort. Der jiddische Schriftsteller Mendel Mann hielt seine Erinnerung an das Ereignis folgendermaßen fest: »Sie hielt keine Rede, sie versuchte gar nicht erst, ›die Bedeutung des Aufstandes zu erklären‹. Sie beschwor! Mit einer Hartnäckigkeit, die mich zutiefst beeindruckte, appellierte und forderte sie: Vergesst nicht, rief sie aus, dass unter den Trümmern ein nationaler Schatz liegt. Das Ringelblum-Archiv ist dort. Wir dürfen nicht ruhen, bis wir das Archiv ausgegraben haben.«[28]

Doch Rachel Auerbach stieß nach dem Kriege auf ein Zögern und Zweifeln ihrer Zuhörer, dem Ringelblum schon während des Krieges entgegentreten musste. Als gäbe es jemals den richtigen Augenblick, sich über solche Archive zu beugen. Wozu die Archive eines Leidens, das einem gerade eben ins Fleisch eingebrannt wurde?, hat man oftmals von einem religiösen, um die Geschichte unbekümmerten Standpunkt gegen Emanuel Ringelblum eingewandt.[29] Wozu in der Erde graben auf der Suche nach diesen armseligen Papieren, wo doch die ganze Welt weiß, was geschehen ist?, wandte man nun gegen Rachel Auerbach ein. »Manche Überlebenden waren der Meinung, sie brauchten keine Historiker, um noch mehr über die Katastrophe zu erfahren.«[30] Weil sie unter ihr zu leiden hatten, glaubten sie, alles über sie zu wissen (eine Haltung, die übrigens für die Shoah im allgemeinen gilt, wenn sie als ein emotionales oder metaphysisches Absolutum empfunden wird).

Dank ihrer Hartnäckigkeit konnte sich Rachel Auerbach dennoch durchsetzen. Man beschloss, auf die Suche zu gehen, und das war nicht einfach, weil inmitten dieses Ozeans von Schutt, zu dem das Ghetto geworden war, selbst der Verlauf der Straßen vollständig verschwunden war und damit auch der Standort der Häuser. An der Stelle,

28 Ebd., S. 326.
29 Ebd., S. 30.
30 Ebd., S. 326.

wo sich die Borochow-Schule befunden hatte – heute unvorstellbar –, erklärt mir Agnieszka Kajczyk, dass Hersh Wasser, so genau er den Ort des ersten Verstecks kannte, 1946 zunächst verzweifelt darüber war, nichts wiederzuerkennen. Man musste Luftaufnahmen zu Hilfe nehmen, um das »Grab« der Ringelblum-Archive genau zu lokalisieren. Doch schließlich gelang es, die Blechkisten und später die beiden Milchkannen aus dem Untergrund hervorzuholen, mit ihrer »Legende« – ein Ausdruck, den Ringelblum selbst, Rachel Auerbach zufolge, eines Tages für die zerstobenen Blätter verwendet hatte.

Und nun stehe ich vor einer dieser beiden großen Aluminium-Milchkannen im Jüdischen Historischen Institut Warschau, das sie der Öffentlichkeit zeigt. Sie ist trivial und mysteriös. Sie ist ein Gegenstand auf halbem Wege zwischen einer Graburne und einem Behältnis, dem ein ganzes Leben entweicht, um den Bericht von seinem Tod hinauszuschreien. Sie ist ein Rostobjekt ebenso wie ein Milchobjekt. Ich photographiere die Metalloberfläche: sie ist vollständig oxidiert. Sie ähnelt der Wand eines Kellers oder einer prähistorischen Höhle. Oder der Borke eines verbrannten Baumes. Oder auch dem Grund des Ozeans. Oder auch der Luftaufnahme einer Stadt, die seit langem von der Landkarte getilgt worden ist.

Zerstoben, die Zellulosepartikel, die sich von einem Bündel verrotteter Papiere ablösen, auch wenn sie noch aneinanderkleben.

Als es Hersh Wasser am 18. September 1946 gelang, die ersten zehn rechteckigen Kisten aus dem Untergrund der Nowolipki-Straße ans Tageslicht zu befördern, wich das Gefühl der Euphorie über den wiedergefundenen Schatz sehr schnell einer schrecklichen Besorgnis: »Sie konnten das Geräusch von Wasser in den Kisten hören, und die Kisten selbst waren von einer dicken grünen Schimmelschicht bedeckt. Würden sie darin noch irgend etwas Lesbares finden? Fachleute aus polnischen Bibliotheken und Museen kamen zu Hilfe: Sie zeigten den Mitarbeitern des Jüdischen Historischen Instituts, wie das Material zu bergen und das Papier zu trocknen sei.«[31]

Michał Borwicz, der Herausgeber der französischen Sammlung über den Aufstand des Warschauer Ghettos, die ich in meiner Jugend gelesen hatte, war bei dieser ersten

31 Ebd., S. 16f.

Entdeckung der zehn Blechkisten zugegen. Er stellte niedergeschlagen fest, dass Izrael Lichtensztajn nicht daran gedacht hatte – oder vielmehr in seiner lebensbedrohlichen Notlage nicht die Zeit dazu hatte –, die Kisten hermetisch zu versiegeln. 1947 schrieb er: »Die Organisatoren konnten die Behälter vor dem Eingraben nicht mehr verlöten. Die treue Erde bewahrte die Sammlung vor dem deutschen Wüten, aber im Verlauf der vierjährigen Untergrund-Lethargie drang Wasser ins Innere der Kisten ein und wurde von den darin eingeschlossenen Materialien aufgesogen. Gefährliche Schimmelpilze bildeten sich … Bündel kostbaren Papiers dehnten sich aus – wegen Feuchtigkeit und Aufquellens. Damit nicht genug, waren [diese Materialien] eng gepackt und lagen dicht an den Metallwänden [der Behälter] an. Das Resultat war auf den ersten Blick sichtbar: Eine nasse und elastische Masse füllte die Kisten aus. Um diese nicht beim Herausnehmen zu beschädigen, wurde das Metall zerlegt.«[32]

Große Freude also, vermischt mit großer Enttäuschung. Entdeckt wurden zehn Kisten des »Leidschatzes«, doch hatte Ringelblum nicht irgendwo von »mehr als zwanzig Kisten« gesprochen?[33] Gerettet wurden 25.540 Archivseiten, doch waren sie nicht bereits verdorben, weil sie aneinanderklebten, von Schimmelpilz überzogen und an manchen Stellen durch das eingedrungene Wasser unlesbar geworden waren? Man musste also die akribische Arbeit auf sich nehmen, ein Dokument nach dem anderen zu trocknen, eine unendlich langsame und paradoxe Arbeit, vor allem, wenn man sie mit dem absoluten Zeitdruck vergleicht, unter dem jedes Blatt entstanden war. Man kann sich heute in der Dauerausstellung des Jüdischen Historischen Instituts Warschau einen zeitgenössischen Film ansehen, der zeigt, wie heikel es war, diese verschimmelten Papierstapel, diese

32 Zitiert nach ebd., S. 676.
33 Ebd., S. 344.

kompakten Massen von den Metallwänden der rechtwinkligen Kisten abzulösen.

Bei dieser ersten Begegnung mit dem dem *Oyneg-Shabes*-Archiv im Institut ist Anna (Ania) Duńczyk-Szulc meine wichtigste Führerin. Sie leitet mich durch eine fast verborgene Tür in einen schmalen, weißgekalkten Gang, mit Archivregalen voller handbeschrifteter Aktenordner, Sammlungen von Nachschlagewerken, ein alter metallischer Karteikasten voller bibliographischer Karteikarten, aufgeschlüsselt nach Themen wie *Filozofia*, *Psychologia*, *Religia*... In einer Ecke, auf dem roten Feuerlöscher, die einzige Photographie, wahrscheinlich aus der Kriegszeit, einer Mutter, die ihren Säugling in den Armen hält. Von Ania erfahre ich, dass es sich um Gela Sekztajn und ihr Töchterchen handelt, die beide während des Ghettoaufstands im April 1943 starben. Das Baby blickt aus dem Bildfeld. Was betrachtet es? Wie wird mein eigenes Baby, sage ich mir, später einmal blicken, wie wird es diese ganze Geschichte lesen und empfinden, der es selbst etwas von seinem eigenen Leben verdankt? Das Leben hängt nur an einem Faden, heißt es oft. Dieser Faden ist zunächst der Faden der Söhne und Töchter, der genealogische Faden. Vielleicht ist das die Grundfrage, die uns heute noch mit diesem historischen Archiv verbindet (eine Frage, die man heute natürlich unbefangener stellen kann): Wie werden wir selbst, Erben dieser Geschichte, unseren Kindern die Kraft vermitteln können, uns diese Geschichte ohne Furcht vorzustellen, sie zu kennen, uns von ihr ergreifen zu lassen, kurz: unter dem Feuer einer solchen Geschichte *in der Gegenwart* – ethisch, politisch – *zu reagieren*?

Ania öffnet mir eine Tür, und wir befinden uns in einem niedrigen kleinen Raum, von kaltem Neonlicht erhellt. Es ist darin nichts als einige große graue Tresore, ein bescheidener Tisch und drei oder vier Stühle. Nichts weiter, außer ein paar Kartons in einer Ecke, ein Lüftungssystem und an der Wand eine Porträtphotographie Ringelblums in einem dunklen Holzrahmen. Das ist der Archivsaal. Agnieszka Reszka ist seine Hüterin mit ihrem großen Schlüsselbund, ihrer großen schwarzumrandeten Brille, und dahinter bemerke ich sehr rasch ihr enormes Wissen und ihren geschärften Sinn für ihre historische Verantwortung als Archivarin oder »Schatzhüterin«. Sie empfängt mich jedoch sehr gastfreundlich, mit bemerkenswerter Offenheit und Großzügigkeit. Sie weiß bereits, was ich sehen möchte. Sie gestattet mir zu photographieren. Rafał Lewandowski ist bei uns, betrachtet schweigend, eindringlich, und macht Photos mit seinem Handy.

Auf einem Möbelstück, das ich zunächst gar nicht gesehen hatte, steht eine der berühmten Blechkisten des 1946 entdeckten Teils der Archive von *Oyneg Shabes* – selbst wiederum eingefasst in eine Schutzhülle aus jenem Spezialkarton, wie ihn die Magazine der Museen und Bibliotheken überall auf der Welt benutzen. Ich photographiere sie also. Auch wenn sie nunmehr trocken und »einwandfrei« ist, trägt sie noch die Stigmata ihres Rosts und ihres einstigen Schimmels. Sie ist ganz verbeult, ganz bescheiden. Sie ist die Armut selbst. Und doch birgt sie eine diskrete oder vielleicht unbewusste Ironie, etwas Revoltierendes: Izrael Lichtensztajn und seine beiden jungen Freunde hatten die Konvolute ihrer jüdischen Dokumente auf einem Schutzbett aus deutschen Zeitungen deponiert, mit ihren noch heute gut sichtbaren Werbeanzeigen, deren vergilbte Blätter noch immer am Boden der Metallkiste kleben.

Zerstoben, die Briefe [lettres], die aus den Viehwaggons geworfen wurden, in denen man die Juden aus dem Warschauer Ghetto nach Treblinka transportierte. Zerstoben, die Lettern, aus denen sich ihre Wörter und Sätze zusammensetzen, als die Papiere dieser Sendungen unter der Erde vergraben wurden. Zerstoben, die Lettern, aus denen, wie es heißt, Gott die Welt gefügt hat, indem er sie zu einer sublimen Ordnung verband.

Als sie ihren durchfeuchteten Kisten entnommen wurden, waren die Papiere des Ringelblum-Archivs, wie Michał Borwicz gesagt hat, aufgequollen, sie klebten aneinander und drohten amorph und unlesbar zu werden. Sie ähnelten also den Leichen von Ertrunkenen, die aus dem Ozean gezogen wurden. Was also lesen, unter diesen Bedingungen? Und wie lesen? Ich photographiere einige dieser Papiere. Ich bin verblüfft von ihrer zerfetzten, zerbröckelten, lükkenhaften Form. Sie scheinen für die Sprache – abgebrochene, zerrissene Sätze, deren vollständige Bedeutung für immer unverstanden bleiben wird – das zu sein, was für die

Körper der Kinder in den elenden Straßen des Ghettos die Lumpenfetzen waren, die sie anstelle von Kleidern trugen. Eines meiner Photos ist hier unpublizierbar, weil »misslungen«. Doch bei genauerem Hinsehen werde ich mir darüber klar, dass es aus einem Grund »misslungen« ist, der dem Dokument selbst sowie dem technischen Medium innewohnt – dem Apparat, den ich benutze. Es musste »misslingen«, damit ich ein wenig besser verstand, was ich damals vor Augen hatte.

Da die Personen, die mich empfangen, nicht beurteilen können, welcher Zusammenhang während meines Besuches zwischen meinem »historischen« oder »philologischen« Blick auf die Dokumente einerseits und meiner flüchtigen, bescheidenen und »amateurhaften« photographischen Praxis andererseits besteht, bin ich genötigt – doch ich liebe diese Nötigung –, ganz unauffällig »Bilder zu stehlen«. Ich muss immer sehr rasch und sehr diskret vorgehen, mit einem ganz kleinen Apparat, um meine Geste der photographischen Aufnahme »wie im Fluge«, fast unbemerkt machen zu können. Oft ist das eine Sache von ein paar Sekunden: es sind zumeist nur flüchtige Blicke. Ich habe meinen Apparat daher auf eine bestimmte Funktion eingestellt, die, was mich schmunzeln lässt, »intelligente Automatik« heißt: das bedeutet, dass der Apparat ohne mein Zutun, manchmal sehr gut und manchmal sehr schlecht, über Belichtung und Entfernungseinstellung ganz allein entscheidet.

So geschah es, dass vor einem Blatt mit fast vollständig durch die Feuchtigkeit zerflossener Schrift die »intelligente« Maschine nicht weiter wusste. Sie konnte nichts sehen, sie konnte nichts entscheiden, sie konnte nichts einstellen: Was zu sehen sein sollte, war *schon verschwommen*. Eine interessante Lehre, die bei mir die Lust weckte, sie als Allegorie auf das historische Wissen selbst auszuweiten: Es gibt tatsächlich Dinge, Wesen oder Ereignisse, bei denen es zu nichts führt, die »Dinge scharf stellen« zu wollen in allen

Bedeutungen, die ein solcher Ausdruck optisch oder epistemologisch annehmen kann. Und warum das? Weil sich etwas Reales eingemischt hat, das die Realität des Dokuments selbst und damit die Bedingungen seiner Lesbarkeit in einzigartiger Weise erschwerte.

Oder weil eine Emotion, gleich einer sanften oder brandenden Woge, über all das hinweggegangen ist. Vor diesen Schriften in Jiddisch, Hebräisch oder Polnisch, die im Jüdischen Historischen Institut in Warschau aufbewahrt werden, vor diesen vom Grundwasser durchtränkten Papierblättern muss ich unwillkürlich wieder an den Rabbi Menachem Mendel von Kozk denken, wenn er seine Schriften mit den bitteren Tränen seiner eigenen Verzweiflung auslöschte. Es ist ein wenig so, als wären die Dokumente von *Oyneg Shabes* zweimal ertränkt worden: einmal in dem feindlichen Wasser des Warschauer Untergrunds, ein weiteres Mal in den Tränen der Ergriffenheit, deren Zeugnisse sie sind. Denn sofern sie noch lesbar sind, verdanken diese Papiere ihre Botschaften – ihren Sinn, ihre Anrede – nur einer Ethik der Schrift, die nicht ihre innere Fragilität gegenüber den Schmerzensschreien verkennt, die sie wiederzugeben, in Sätze zu fassen versucht. Im Grunde sagte (vielmehr: schrieb) Gustawa Jarecka nichts anderes: »Man hat uns die Schlinge schon um den Hals gelegt. Sobald der Druck für einen Moment nachlässt, würgen wir einen Schrei heraus. Seine Bedeutung darf nicht unterschätzt werden. Viele Male in der Geschichte ertönten solche Schreie; sie mochten über eine lange Zeit hinweg ins Leere gehen und erst sehr viel später ein Echo hervorrufen. Dokumente und Schmerzensschreie, Objektivität und Leidenschaft passen nicht zusammen. [...] Das Verlangen zu schreiben ist so stark wie der Widerwille gegen Worte. Wir hassen Worte, weil sie zu oft als Tarnung für leere Versprechungen oder Gemeinheiten gedient haben. Wir verachten sie, weil sie blass sind im Vergleich mit den Gefühlen, die uns quälen. Dennoch stand das Wort früher einmal für menschliche Würde und war das Beste, das der Mensch besaß […].«[34]

Oyneg Shabes zählte unter seinen bedeutenden Mitarbeitern einen anderen Menachem Mendel: nicht den »von Kozk«, sondern einen mit Namen Kohn. Ein Satz aus seiner Ghettochronik steht vergrößert an einer Wand des Ausstellungsraums im Jüdischen Historischen Institut Warschau: Er spricht von etwas, das »jenseits der Vorstellungskraft, der Beschreibung« liegt. Ein legitimer und verständlicher Satz, vor allem in dem Zusammenhang, in dem er geschrieben wurde. Doch Menachem Mendel Kohn zog im Gegensatz zu dem Rabbi von Kozk – und im Gegensatz zu den heutigen Vertretern eines als Absolutum gedachten »Unvorstellbaren« – aus dieser fundamentalen Lücke eine radikal andere Folgerung als diejenige, die man spontan nach einer solchen Aussage erwarten würde. Weil das, worunter wir leiden, jedesmal jenseits aller Vorstellung und Beschreibung liegt, sollten wir eine Vielzahl von Bildern wecken und dazu viel schreiben, viel beschreiben: »Ich betrachte es als die heilige Pflicht eines jeden, ob er darin geübt sei oder nicht, alles aufzuschreiben, was er gesehen oder von anderen darüber gehört hat, was die Deutschen getan haben. […] Es muss festgehalten werden, ohne dass ein einziger Punkt unerwähnt bleibt. Und wenn die Zeit kommt – sie wird sicher kommen –, soll die Welt lesen und erfahren, was die Mörder getan haben. Wenn die Trauernden über diese Zeit schreiben, wird das ihr wichtigstes Material sein.«[35]

Menachem Mendel Kohn war demnach so weise, dass er wusste, dass auf Schmerz und Trauer, auf das Gefühl des Unbeschreiblichen nicht nur Tränen antworten dürfen – denn Tränen gibt es natürlich – und nicht nur das Absolutum einer zur Metaphysik oder Theologie erhobenen Verzweiflung. Man muss darauf auch und vor allem mit dem

34 Zitiert nach ebd., S. 22.

35 Zitiert nach ebd., S. 252.

Schreiben der Geschichte antworten, diesem »Leidschatz«, der vor das Tribunal der ganzen Welt gebracht wird (in einem ganz anderen Zusammenhang verweist Michel de Certeau auf Michelet, der davon gesprochen hat, dass »die Schatten« dank der Wirkung der Geschichtsschreibung »weniger traurig in ihre Gräber zurückkehren«, und der das Schreiben der Geschichte mit einer Begräbniszeremonie, einer *déposition*[36] [»Grablegung«] vergleicht, die hier gewiss auch im juridischen Sinne [als »Zeugenaussage«] zu verstehen ist.

Schließlich teilte Menachem Mendel Kohn mit dem Rabbi von Kozk eine gewisse Neigung zu Zornesausbrüchen und zu Verachtung, die sich umso heftiger äußerte, wenn sie bestimmte Verhaltensweisen der Juden des Ghettos selbst betraf. Samuel Kassow spricht sogar von einer »oft heftigen Enttäuschung«, die ihm seine jüdischen Brüder bereiteten: wenn etwa während deutscher Razzien neben dem »Rette sich, wer kann« das »Jeder ist sich selbst der Nächste« herrschte – wenn also gegenseitige Hilfe ethisch und politisch nichts mehr galt, wie er es am 6. August 1942 unter dramatischen Umständen selbst erleben musste.[37] Kassow erinnert daran, dass Menachem Mendel Kohn »weiterhin für das Archiv tätig [blieb], bis zu seinem Tod im April 1943«.[38] Das heißt, dass er bis zum Schluss damit fortfuhr, die Zeugnisse, die Hoffnungen und die Verzweiflung, die Stärken und die Schwächen seiner verfolgten jüdischen Brüder festzuhalten.

Der erste Band der Ringelblum-Archive – erschienen 1997 unter der wissenschaftlichen Leitung von Tadeusz Epsztein, während die philologische Arbeit der Texterstellung in den Händen von Ruta Sakowska lag – trägt den Titel *Briefe über*

36 Michel de Certeau, *Das Schreiben der Geschichte*, aus dem Französischen von Sylvia M. Schomburg-Scherf, Frankfurt a. M.: Campus 1991, S. 11.

37 Samuel D. Kassow, *Ringelblums Vermächtnis*, a. a. O., S. 253.

38 Ebd., S. 254.

die Vernichtung der polnischen Juden.[39] Es handelt sich um eine Sammlung von Briefen, Briefchen, Postkarten, die von Ertrinkenden kurz vor dem Tode verfasst und dem Meer überlassen wurden – geschrieben an andere, von denen sie nicht wussten, ob sie noch nicht oder schon ertrunken waren. Diese Hilferufe sind alle zusammen oder jeder für sich die letzten Überreste einer enormen Geschichte, einer wahnwitzigen kollektiven Auslöschung zahlloser Leben. »Die Leute sagen, dass bei euch [in Warschau] jeden Tag 10[000] das Ghetto verlassen. Bei uns ist es auch kein Vergnügen. Wir leben wie Luftblasen auf dem Wasser«, schrieb am 9. April 1942 Bronka Górna aus dem Ghetto von Pacht an ihren Mann.[40]

Liest man diese Papiere, so ist man mit allen Etappen und allen zumeist hastig in Worte gefassten Heimsuchungen konfrontiert, die ein ganzes Volk erlebt, das von einer riesigen Todesmaschine zermahlen wird. Man liest natürlich nur, was davon geblieben ist, und das ist sehr wenig, verglichen mit dem Ausmaß des gesamten Vernichtungsprozesses. Zumindest liest man es wie mit der Lupe, mikrologisch, in dem vertrauten Rahmen jeder Situation, die irgendeine Spur hinterlassen hat. Man empfindet dabei die Gefühle jeder einzelnen Person, all derer, die *zerstoben* und doch eingebettet sind in eine gemeinsame Geschichte. Vor allem liest man darin von der Erschöpfung, selbst in den Formulierungen, die Mut machen sollen: »Liebe Mutter, mach dir keine Gedanken, man kann nichts tun.«[41] Ein kleines Bündel von dreizehn Briefen, die im Januar und Februar 1942 aus dem Ghetto von Krośniewice von Róża Kapłan an ihren

39 *Archives Ringelblum. Archives clandestines du ghetto de Varsovie*, Bd. I: *Lettres sur l'anéantissement des Juifs de Pologne*, a. a. O. Die Editionsvorlage bleibt *Archiwum Ringelbluma. Konspiracyjne Archiwum Getta Warszawy*, Bd. I: *Listy o Zagładzie*, hg. von Ruta Sakowska, Warschau: Żydowski Instytut Historyczny im. Emanuela Ringelbluma 1997 (Neuauflage 2017).

40 Ebd., S. 182.

41 Ebd., S. 47.

Bruder und ihre Schwägerin geschrieben wurden, zeigt ihren Kampf gegen die Angst und gegen den Wahnsinn: »Die Stimmung ist nicht sehr gut, ich musste mich überwinden, Euch zu schreiben. Das wird vorübergehen. [...] Du hast uns geschrieben, dass Ihr bereit seid, Euch auf den Weg zu machen. Ich bin jetzt nervös, aber achtet nicht auf das, was ich schreibe. [...] Dass ich noch nicht verrückt geworden bin, ist ein wahres Wunder. [...] Entschuldige, ich kann nicht. Entschuldige. Könnten wir uns eines Tages wiedersehen. Ich umarme Dich.«[42]

Jedes dieser Papiere äußert, bescheiden oder lauthals, eine Klage. Viele nehmen die – populäre, niemals förmliche – Dimension jener *qinah* an, deren grundlegenden existentiellen Wert Gershom Scholem unterstreichen wollte (»Sein heißt: Quell von Klage sein«). »Wären wir doch nie geboren«, schreibt dieselbe Róża Kapłan am 20. Januar 1942.[43] »Der Tod schwebt uns vor Augen«, kann man an anderer Stelle lesen.[44] »Das Leben ist eine Reihe von Ängsten, Ihr könnt es Euch nicht vorstellen [...]. Ich weiß nicht, was uns geschehen wird, was ich tun soll, es wäre besser, wenn ich tot wäre. [...]. Liebe Frania! Ich schreibe in einem Moment, in dem mir die Hände zittern und meine Augen nichts sehen, weil sie nicht von Tränen, sondern von Blut triefen [...] und ich bin nicht imstande, Dir zu erzählen, was jetzt geschehen wird, [denn] alles, was bisher geschehen ist, war ein Kinderspiel [...]. In meinem Brief herrscht dasselbe Chaos wie in meinem Kopf. Ich sage Euch auf Wiedersehen, ich umarme Euch ...«[45]

Man findet in diesen von *Oyneg Shabes* gesammelten Briefen auch jene törichten Hoffnungen, die der Glaube noch zu spenden versucht. So verbinden sich die hervorbrechenden Emotionen, Hoffnungen und Zusammenbrüche

42 Ebd., S. 69 f. und 85 f.
43 Ebd., S. 71.
44 Ebd., S. 115.
45 Ebd., S. 118, 136 und 168.

in widersprüchlicher Weise. »Man darf die Hoffnung nicht verlieren, weil das Böse, wie das Gute, ein Ende hat und weil nach solch schweren Zeiten die guten unweigerlich wiederkehren, [...] weil wir die Zukunft und die Welt vor uns haben«, schreibt am 7. Januar 1942 Fela Rybska an ihren Cousin Eszer Taube.[46] Szymon Josef Taube, dessen Bruder, schreibt am 10. Oktober desselben Jahres aus dem Zwangsarbeitslager Lautawerk Süd: »Wir haben jetzt den Abend am Ende des *shabes*. Ich sitze hier und kritzele, ich weiß selbst nicht was. Als ich Deine Karte erhielt, habe ich vor Freude geweint, und nachdem ich sie gelesen hatte, habe ich vor Kummer geweint.«[47] Tränen der Freude, wenn der andere ein Zeichen gibt, Tränen des Kummers, wenn man es versteht.

Alles vermischt sich also, Glück und Verzweiflung, Tränen der Freude und des Schmerzes: »Stell Dir unsere Verzweiflung vor, wir sind sehr froh, dass wenigstens Du uns geschrieben hast, wir haben darüber vor Freude geweint.«[48] Oft blieb nur der liebe Gott, auch wenn er sich offenbar absentierte: »Was tun? Vielleicht wird es ein *ness* [Wunder] geben. [...] Denkt an uns, alles wird gut werden, wolle Gott, dass wir uns wiedersehen. [...] Ich meinerseits habe nichts Besonderes zu schreiben, nur dass der l.[iebe] Gott uns bald Hilfe schickt.«[49] Schließlich gibt es die einfachsten Zeichen, die Appelle, das Unmögliche menschlich zu ertragen: »Tut Euer Möglichstes – bleibt stark«, liest man häufig, etwa in diesem Brief, der am 1. Juni 1942 an den geheimen Kibbutz Hehaluts-Dror im Warschauer Ghetto gerichtet ist.[50] Ein Freund von Itskhok Giterman schreibt diesem im April 1942 aus dem Ghetto von Wilno: »Wer unter uns etwas tut und die Illusion hat, eine gute Sache zu vollbringen, ist

46 Ebd., S. 216 f.
47 Ebd., S. 223.
48 Ebd., S. 139.
49 Ebd., S. 81, 187 und 202.
50 Ebd., S. 171.

zufrieden und dankt Dem, der dort oben thront [...]. Das verschafft ihm den Eindruck, dass sich die Seele ein wenig wiederaufrichtet.«[51]

Diese Formulierung ist doppeldeutig, ungewiss: Die Seele »richtet sich« vielleicht »wieder auf«, zumindest hat man den Eindruck. Doch müsste man nicht eine solche moralische Erhebung in der allgemeinen Hölle, in der sie sich zeigt, als etwas betrachten, das noch vergeblicher und noch fragiler ist als ein subjektiver Eindruck, nämlich als eine »Illusion«? Doch die bloße Tatsache, dass Emanuel Ringelblum und seine Kameraden so viele dieser winzigen Zeugnisse gesammelt haben, zeigt uns, dass es nicht so ist. Die Ohnmacht oder Wirkungslosigkeit all der Gesten, die dazu beitragen, dass sich »die Seele ein wenig wiederaufrichtet«, diese Ohnmacht wird der Kraft solcher Gesten nichts nehmen, deren Beharrlichkeit wir heute, wenn wir davon lesen, nur bewundern können.

51 Ebd., S. 129.

Zerstoben, die Gründe, ein Abschiedswort zu schreiben oder letzte Sätze, von denen man nicht weiß, ob sie vor der physischen Zerstörung bewahrt bleiben, ob sie vom anderen empfangen, aufbewahrt, gelesen und verstanden werden in einer Zukunft, die die gegenwärtige Geschichte mehr als unwahrscheinlich werden lässt.

»Der Tod hat viele Namen«, schreibt nüchtern Paweł Śpiewak, der heutige Direktor des Jüdischen Historischen Instituts Warschau, in einem Sammelband über das Ringelblum-Archiv.[52] Er erinnert daran, dass sich im Falle des Warschauer Ghettos der Historiker in derselben existentiellen Situation befand wie sein »Untersuchungsobjekt«: nämlich zum baldigen Tode verurteilt zu sein nach einem deutschen Beschluss, der so radikal und so umfassend war, dass er lange Zeit von vielen nicht begriffen wurde, weil er als »un-

52 Paweł Śpiewak, »Death has many names«, übersetzt von D. Gajewska, in: *Letters to Oneg Shabbat*, Warschau: Emanuel Ringelblum Jewish Historical Institute 2017, S. 119–132.

vorstellbar« galt. Als hätten die Todgeweihten – *morituri*, wie Ringelblum sie in seinem Ghetto-Tagebuch gelegentlich auf Lateinisch nennt[53] – nicht aufgehört, einander Briefe zu schreiben, ohne dass sich damit irgend etwas an ihrem Schicksal geändert hätte. Und doch sollte sich damit etwas ändern, einerseits an *ihrem* Gefühl menschlicher Würde, andererseits an *unserer* moralischen Fähigkeit, heute Antwort zu geben und Verantwortung zu übernehmen in unserem historischen, politischen und moralischen Kontext. Paweł Śpiewak berichtet in seinem Artikel, wie sein eigener Schwiegervater, Überlebender von Treblinka, jedes Jahr an seine Töchter, die vergast worden waren, an ihrem Todestag einen Brief schrieb.[54]

Was ist ein Abschiedsbrief? Eine Spur des Lebens – oft von Liebe – und eine Todesspur zugleich. Ich stehe, zusammen mit Anna Duńczyk-Szulc, vor diesem kleinen Blatt Papier aus den ersten Archivkästen, das ich zu photographieren versuche. Zwar »verwaschen«, hat es doch überlebt. Es ist ein Blatt, das David Graber – der junge Mann, der Izrael Lichtensztajn dabei half, das Archiv von *Oyneg Shabes* zu vergraben – im letzten Moment, am 3. August 1942, den Bündeln von Dokumenten beilegte, die sie im Kellerversteck der geheimen Schule in der Nowolipki-Straße verschwinden ließen. Es ist praktisch unlesbar und trägt auf seiner linken Seite einen großen blauen Fleck – zerflossener Tinte? Aber es lässt noch, wenn auch lückenhaft, eine eifrig bemühte Schrift, eine Schülerhandschrift erkennen, die von jeder Nervosität frei zu sein scheint.

Es ist das persönliche Testament eines jungen Mannes von neunzehn Jahren und zugleich das Dokument einer gemeinsamen Arbeit, die methodisch bis zum letzten Augenblick fortgeführt wurde. Ein erster Brief richtete sich –

53 Emanuel Ringelblum, *Oneg Shabbat. Journal du ghetto de Varsovie*, a.a.O., S. 381.

54 Paweł Śpiewak, »Death has many names«, a.a.O., S. 129.

appellierte – an die künftige Welt: »Was wir nicht in die Welt hinausrufen und -schreien konnten, haben wir im Boden vergraben. [...] Nur zu gerne würde ich den Augenblick erleben, in dem der große Schatz ausgegraben wird und der Welt die Wahrheit ins Gesicht schreit. Damit die Welt alles erfährt. [...] Wir können jetzt in Frieden sterben. Wir haben unseren Auftrag erfüllt. Möge die Geschichte für uns zeugen.«[55] Und im letzten Moment fügte David Gruber noch eine Nachschrift bei: »Straße nebenan belagert. Wir fiebern alle. Stimmung angespannt, wir bereiten uns auf das Schlimmste vor. Wir beeilen uns. Wahrscheinlich machen wir gleich unsere letzten Eingrabungen. Genosse Lichtensztajn nervös. Grzywacz hat Angst. Ich bin gleichmütig. In meinem Unterbewusstsein ein Gefühl, dass ich aus dem ganzen Elend herauskommen werde. Guter Tag. Wir müssen es nur fertigbringen, [die Kisten] zu vergraben. Ja, sogar in diesem Moment vergessen wir es nicht. An der Arbeit bis zum letzten Augenblick. Montag, 3. August, 16 Uhr«.[56]

»Genosse Lichtensztajn nervös« ... Das Adjektiv bezeugt, wie schwach auch immer, die schreckliche Feierlichkeit des Moments. In seinem eigenen Testament äußert Lichtensztajn den Wunsch, dass man sich seiner erinnern möge, der alles getan hatte, um die Welt auf das Schicksal des jüdischen Volkes von Warschau aufmerksam zu machen. Es ist bewegend, in ebendiesem Dokument zu lesen, dass dieser Mann vor allen Dingen wollte, dass man seiner Frau Gela Sekztajn (oder Gele Sekstein) und ihrer kleinen Tochter Margalit gedenken möge, deren Photographie mich in den Gängen des Archivs beeindruckt hatte: »Ich möchte, dass man sich an meine Frau erinnert, Gele Sekstein. Sie hat in den Kriegsjahren als Erzieherin und Lehrerin mit Kindern gearbeitet, hat für das Kindertheater Bühnenbilder, Kostüme gemacht. [...] Beide bereiten wir uns darauf vor,

55 Zitiert nach Samuel D. Kassow, *Ringelblums Vermächtnis*, a. a. O., S. 17 f.
56 Ebd., S. 18.

zusammenzukommen und den Tod zu empfangen. Ich möchte, dass man sich an meine kleine Tochter erinnert. Margalit ist heute 20 Monate alt. Sie beherrscht die jiddische Sprache vollkommen und spricht sie perfekt. Mit neun Monaten begann sie verständliches Jiddisch zu sprechen. Ihre Intelligenz entspricht derjenigen von drei- oder vierjährigen Kindern. [...] Mein eigenes Leben oder das meiner Frau beklage ich nicht. Ich bedaure nur dieses kleine, nette und begabte Mädchen. Auch sie verdient es, in Erinnerung zu bleiben.«[57]

Der andere junge Mann, der Lichtensztajn half, die Dokumente zu vergraben, schrieb seinerseits: »Ich will zu meinen Eltern eilen und schauen, ob sie wohlauf sind. Ich weiß nicht, was mit mir geschehen wird. *Vergesst nicht, mein Name ist Nahum Grzywacz.*«[58] Schreckliches Paradox, wenn der Sammler von Zeugnissen, der sich so sehr bemüht hat, dass er und seinesgleichen nicht vergessen werden, plötzlich Angst verspürt, selbst von der Geschichte ausgelöscht zu werden. Und tatsächlich zeigt sich das gemeinsame Merkmal dieser Abertausende zerstobener Papiere darin, dass sie alle – alle und jedes einzelne, jedes auf seine Weise, jedes für sich – Testamente sind: Abschiedsbriefe, jedesmal *letzte Papiere*. Die Forscher von *Oyneg Shabes* haben eine unbändige Energie entfaltet, von überallher solche Dokumente zu sammeln, die vom Ende zeugen: »Die Schlinge zieht sich immer enger zusammen« (von Masza Altman, 5. Mai 1942) ... »Was für eine Reise noch, wissen wir nicht« (von Hela Waksztok, Mai 1942) ... »Wir treffen unsere letzten Vorbereitungen, denn wahrscheinlich werden wir morgen fahren [...]. Es ist nicht zu ändern. [...] Heute ist der letzte Abend«[59] (von einer nicht identifizierten Sala im Ghetto von Płońsk, 13. Dezember 1942)...

57 Ebd., S. 18f.

58 Ebd., S. 19. Der kursivierte Satz ist im Original unterstrichen.

59 *Archives Ringelblum. Archives clandestines du ghetto de Varsovie*, Bd. I: *Lettres sur l'anéantissement des Juifs de Pologne*, a.a.O., S. 158, 185 und 258f.

Man kann Papiere lesen, die aus der Umgegend des Lagers von Chełmno gesammelt wurden: »Tut alles, was nötig ist, denn die Zeit ist begrenzt, sie nehmen schon die Leute von Kłodawa mit« (Januar 1942) … »Wir wissen, dass unsere Tage gezählt sind […]. Ich bitte euch alle um Verzeihung« (Februar 1942) … »Wisse, dass wir voneinander Abschied nehmen werden« (März 1942).[60] Und unter vielen anderen lesen wir auch eine kleine Serie von sechs Briefen, die am 16. und 17. Dezember 1942 von Juden aus Płońsk aus einem Zug mit dem Ziel Auschwitz geworfen wurden: »Es ist Morgen. Wir sind mit der ganzen Familie in einem Waggon. Wir sind mit der letzten Welle aufgebrochen. […] Beim Halt in Praga schreibe ich Euch ein paar Worte. Wir fahren wir wissen nicht wohin. Bleib wohlauf. […] Seid guter Hoffnung! Ich gebe Euch meine neue Adresse noch nicht, weil ich sie noch nicht kenne. Lebt wohl, ich umarme Euch. […] Wir fahren anscheinend nach Tarnowskie Góry oder nach Auschwitz. […] Ich fühle mich sehr allein.«[61]

60 Ebd., S. 58, 87 und 151.
61 Ebd., S. 263 und 266–268.

Zerstoben, die Versuche, vor der nahenden Gefahr zu warnen. Zerstoben, fatalerweise, denn es ist schwierig, sich einen Weg zwischen den Lügen der Verfolger und der Leichtgläubigkeit der Verfolgten zu bahnen.

Der Archivband des *Oyneg Shabes*, der den »Briefen über die Vernichtung der polnischen Juden« gewidmet ist, besteht größtenteils aus herzzerreißenden Botschaften, flehentlichen Appellen. Was darin unaufhörlich verlangt wird, ist im allgemeinen nicht mehr als eine bloße »Nachricht«, eine »Neuigkeit« vom Empfänger. »Schreib mir Neues von Dir« heißt in diesem Falle: »Sprich mit mir, sag mir, dass ich nicht völlig allein bin, dass Du noch am Leben bist«. In dieser Situation flehte jeder den anderen an. Jeder bat den Adressaten inständig darum, zu antworten, ihn nicht zu vergessen, ganz einfach: noch zu leben. Damit die Idee einer menschlichen Gemeinschaft in der Verzweiflung, in der Einsamkeit, die jedes neue Unglück hervorrief, überleben könne. So lautet die Formel, die in den Briefen am häufigsten wiederkehrt: »Bitte antworte mir schnell« ... eine

Formel, mit der verstreute, zerstobene Subjekte, einsam und verlassen in Angst und Unglück, um jeden Preis wissen wollen, ob noch einer von ihnen da ist, um ihre Stimme zu hören, um die Möglichkeit gegenseitiger Hilfe zu erwägen, um *dieses Unglück zu teilen*. »Antworte mir« spricht erst einmal nur von Intersubjektivität. »Antworte mir rasch« gibt zu verstehen, dass die Antwort selbst das Dringliche ist, das erwartet wird: eine lebenswichtige Zeitfrage, das heißt eine Frage auf Leben und Tod.

Es genügt, in der Verstreutheit dieser unzähligen singulären Situationen die Stimmen zu hören, die Briefe zu lesen, einige der Formulierungen, die in diesen Papieren verwendet werden, der Reihe nach, in der ich sie durchgehe, abzuschreiben. Es sind Bitten und gleichzeitig Alarmrufe: »Ich wünsche Euch, dass ihr zu essen habt [...], hoffentlich seid ihr wohlauf« (21. Januar 1942) ... »Bitte antworte mir sofort, es wird uns ein Trost sein, weil man von niemandem die geringste Nachricht erhält« (13. Februar 1942) ... »Bei jedem Brief denke ich, es ist der letzte« (21. Februar 1942) ... »Gucia, vergiss nicht Dein Versprechen. Ich warte, ich warte und warte noch immer. [...] Gucia, vergiss nicht. Jeder Tag ist ein Tag zuviel« (22. Februar 1942) ... »Ihr könnt Euch nicht vorstellen, wie sehr ein Wort von Euch für uns zählt« (3. März 1942). »Lieber Szlamek! Ich habe Deinen Brief erhalten, der mich weinen ließ, auch mich, über unser Schicksal. [...] Schreib mir auch, ob der Rest der Familie am Leben ist« (11. Februar 1942) ... »Ich versichere Dir, dass ich Dich nicht um Hilfe bitte, sondern nur, dass Du mich wissen lässt, wie es Dir geht« (11. August 1942) ... »Ich habe Euch schon hunderte Male geschrieben und angerufen, und nichts, nicht ein Zeichen [...]. Wir bitten Euch inständig um ein paar Worte« (12. August 1942) ... »Wie geht es Euch? Warum schreibt Ihr uns nicht? Bitte schreibt uns sofort, denn wir sind schrecklich beunruhigt. Seid Ihr zu Hause? Oder müsst Ihr ›umziehen‹? Alle, oder nur manche? Schreibt uns sofort! [...] Und wären es nur ein paar Worte« (26. Juli –

21. August 1942) … »Hast Du Nachricht von meinen Eltern? Wo wohnt gegenwärtig mein Onkel Huberman?« (28. Oktober 1942)[62] …

Bei dem »Szlamek«, der in dem Schreiben vom 11. Februar 1942 genannt wird, handelt es sich um eine wichtige Persönlichkeit. Als Mitglied eines Sonderkommandos im Vernichtungszentrum von Chełmno war er einer der ganz wenigen, denen es zu flüchten gelang. Er verfasste für die Gruppe von *Oyneg Shabes* einen sehr detaillierten Bericht über die Vergasung in speziellen Lastwagen. In dem kleinen Archivsaal des Ringelblum-Archivs faltet Agnieszka Reszka in meiner Gegenwart ein Blatt weißes Papier auseinander, in dem sich eine kleine Photographie Szlameks befindet, signiert und mit Widmung an Hersh Wasser. Dieser hatte Ende Januar oder im Februar 1942 den Flüchtigen systematisch befragt, so dass *Oyneg Shabes* seinen Bericht an führende Leute des Ghettos, an die Kämpfer des *Bundes*, an die Zionisten, an das *Joint Distribution Committee* und an die politischen Jugendorganisationen übermitteln konnte. Szlamek, von der Gestapo fanatisch gesucht, konnte aus dem Warschauer Ghetto herausgeschleust werden, wurde jedoch im April aufgespürt und im Lager Bełżec vergast.[63]

Ebenso nahmen die Aktivisten von *Oyneg Shabes* in ihr Archiv eine Postkarte vom 4. September 1942 auf, der das geübte Auge einen hastig gezeichneten Plan des Vernichtungslagers Treblinka entnehmen kann.[64] Überhaupt waren die *Aufrufe*, die die Juden der verschiedenen polnischen Ghettos einander schrieben, jenseits der Tränen und Klagen oftmals *Warnrufe*, Aufforderungen zu reagieren oder zu fliehen. Der Ruf zu den Waffen sollte erst etwas später folgen:

62 Ebd., S. 47, 59, 72, 90, 92, 100, 132 f. und 193–195.

63 Samuel D. Kassow, *Ringelblums Vermächtnis*, a. a. O., S. 460–466.

64 *Archives Ringelblum. Archives clandestines du ghetto de Varsovie*, Bd. I: *Lettres sur l'anéantissement des Juifs de Pologne*, a. a. O., S. 93 (die Postkarte ist reproduziert in der polnischen Ausgabe *Archiwum Ringelbluma. Konspiracyjne Archiwum Getta Warszawy*, Bd. I, *Listy o Zagłazie*, a. a. O., S. 206).

im Jahre 1943. Als hätte es lange gebraucht, um den Ernst der Lage richtig zu verstehen, sich *Wissen* zu verschaffen in einer Welt, die einerseits von der Zensur und den Lügen der Nazis, andererseits von den Gerüchten und Phantastereien, die in der jüdischen Bevölkerung umliefen, beschädigt war. »Alles, was wir wissen können, wird uns nicht helfen, wir können nichts tun. [...] Wichtig ist nur, dass es gut endet«, schreibt am 3. März 1942 eine Tochter an ihren Vater.[65] »Das Schlimmste ist, dass verschiedene Versionen zirkulieren«, gestand Bronka Górna zur gleichen Zeit in einem Brief aus dem Ghetto von Pacht.[66]

Viele jedoch tauschten Warnungen und Bitten um präzise Auskünfte über die Situation von Tag zu Tag aus. »Diese Woche haben einige Überlebende, die von dort [Chełmo] geflohen sind, erzählt, dass man alle tötet – möget Ihr davon verschont sein –, man vergast sie und begräbt sie in Massengräbern [und] Ihr sollt es wissen, was bisher geheim war, man muss es überall bekannt machen. Ihr müsst Alarm schlagen, nicht untätig bleiben, über Mittel und Wege nachdenken, um die letzten Überlebenden zu retten«, schrieb im Januar 1942 der Rabbiner Jakub Szulman aus dem Ghetto von Grabów.[67] Und dann wieder, hier und da: »Glaub' nicht, dass ich Dir Geschichten erzähle« (27. Januar 1942) ... »Gebt Alarm, lasst nicht [meinen Verwandten] im Dunkel umkommen« (21. Februar 1942) ... »Luteczk, ich bitte Dich, versuche herauszufinden, was das zu bedeuten hat« (11. März 1942) ... »Ich flehe Dich an, schreib mir präzise alles, was Du dazu weißt, ob das ein wirkliches Fundament hat und woher Ihr all das wisst« (14. Juni 1942)[68] ...

»Es geht um Vernichtung und nochmals Vernichtung«, war das schlichte Resümee eines Gefangenen mit Vornamen Mojsze am 28. Juni 1942 aus dem Lager Wilkowiecko

65 Ebd., S. 99.
66 Ebd., S. 180.
67 Ebd., S. 45 f.
68 Ebd., S. 66, 77, 103 und 218.

an seine Familie.[69] Doch wie soll man eine solche Nachricht aufnehmen? Wie soll man angesichts von »Vernichtung und nochmals Vernichtung« klaren Kopf bewahren, nicht irre werden, nicht Selbstmord begehen oder, bequemer, es einfach nicht glauben? Von der Pest in Athen, wie Lukrez sie beschrieben hat, bis zu den Genoziden der Moderne ist der massenhafte Tod in der Geschichte jene »Plage der Vorstellungskraft«,[70] die all die psychischen Prozesse des *gewollten Verkennens* in Gang setzt (oder der »freiwilligen Verkennung«, so wie man von »freiwilliger Knechtschaft« spricht), weil die Geschichte so grausam ist, dass die Leute andernfalls verrückt werden. Dann zirkulieren Gerüchte aller Art, Falschmeldungen, paranoide Konstruktionen, abwegige Trugschlüsse, wundersame Verkündigungen. Es ist, als wäre die Vorstellungskraft durch die Ungeheuerlichkeit des Realen entweder vollständig blockiert – oder als hätte sie jede Verbindung zur Wirklichkeit (und sich selbst) verloren, um gleichsam deren erbarmungslose Logik zu leugnen.

Gegen solche ohnmächtige Panik, aber auch gegen die sogenannte »Realpolitik«, die der Warschauer Judenrat bei seinen Verhandlungen mit den Nazis versuchte – mit den Konsequenzen fataler Kompromisse, vermeintlich geschickter Tricks, krimineller Hinhaltemanöver, objektiver Mittäterschaft und Beteiligung an der universellen Lüge –, bestand die Position Ringelblums und seiner Genossen, die auch die Aktivisten des *Bundes* teilten, in einer unnachgiebigen *Politik der Wahrheit*. »Wir sind uns alle darüber einig, dass wir um jeden Preis die Welt angesichts der Vernichtungsaktion, die gegen uns organisiert wird, alarmieren müssen. Und uns nicht mit Einwänden aufhalten dürfen, unsere Situation könnte sich dadurch verschlimmern, denn

69 Ebd., S. 190.
70 Georges Didi-Huberman, *Mémorandum de la peste. Le fléau d'imaginer*, Paris: Christian Bourgeois 1983, Neuausgabe 2006.

wir haben nichts zu verlieren«, schrieb Ringelblum unter dem Datum des 10. Juni 1942 in sein Tagebuch.[71]

Allen zum Trotz, die nicht wissen wollten – die einen aus panischer Angst, die anderen, um ein illusorisches Stückchen Macht oder Privileg zu bewahren –, hatte Ringelblum begriffen, dass im Warschauer Ghetto unter dem Joch des Terrors *die Wahrheit selbst illegal war*, auch wenn sie strenggenommen das Gemeingut *par excellence* blieb. Sie verbreitete sich flüchtig an einem Juniabend 1942 über die Wellen der BBC, und das war für den Historiker einer der seltenen Momente von Freude, von Triumph: das Gefühl, seine Aufgabe erledigt und sogar »einen Schlag gegen den Feind ausgeführt« zu haben. »Es kommt nicht so sehr darauf an«, schreibt er, »ob die Aufdeckung des unglaublichen Massakers an den Juden den angestrebten Effekt haben wird – ob die Fortsetzung der methodischen Liquidierung der jüdischen Gemeinschaften aufgehalten wird. [Doch] es gibt etwas, dessen wir uns sicher sind – wir haben unsere Pflicht erfüllt. [...] Selbst unser Tod wird nicht umsonst sein.«[72] Eine Wahrheit, die selbst illegal ist, geheim und zugleich möglichst weit zu verbreiten: Auch das erklärt die außerordentliche Energie der Aktivisten, mit allen möglichen Mitteln – vom Druck über die Vervielfältigung mittels Matrizen oder Kohlepapier bis zur Handschrift – im Ghetto eine Untergrundpresse gegen die Nazis zu entwickeln.[73]

Das also war die große Herausforderung und das große Paradox von *Oyneg Shabes*: mit den Regeln der Geheimhaltung – die notwendig waren, um sich der Zensur zu entziehen und sich der Gestapo und der jüdischen Polizei unsichtbar zu machen – eine Wahrheit für die ganze Welt zu verbrei-

71 Emanuel Ringelblum, *Oneg Shabbat. Journal du ghetto de Varsovie*, a. a. O., S. 348.

72 Ebd., S. 353.

73 Daniel Blatman, *En direct du ghetto: la presse clandestine juive dans le ghetto de Varsovie, 1940–1943*, aus dem Hebräischen von Nelly Hansson, Paris-Jerusalem: Éditions du Cerf–Yad Vashem 2005.

ten, soll heißen: für die bedrohte jüdische Gemeinschaft, aber auch für die ganze Welt jenseits der Grenzen. Eines der verblüffendsten literarischen Merkmale des Tagebuchs von Emanuel Ringelblum besteht darin, seine täglichen Eintragungen mit Formeln wie »Lieber Papa«, »Lieber Großvater« »Meine Lieben« oder auch »Meine Liebsten« einzuleiten.[74] Léon Poliakov erklärt diese Besonderheit in seiner Übersetzung der ersten Edition des Tagebuchs – jener von Jacob Sloan bearbeiteten Auswahl: »Einige Notizen Ringelblums wurden in der Form von Briefen verfasst. Er tat das der Tarnung halber, um im Falle der Entdeckung behaupten zu können, es handele sich um bloße Privatbriefe.«[75]

Doch von einem Historiker wie Emanuel Ringelblum ist noch mehr zu erwarten. Ungeachtet aller Heimlichkeit richtete er es so ein, eine Wahrheit trotz allem verbreiten zu können. Liest man diese erschreckenden »Bestandsaufnahmen« und »Lageberichte« aus seiner Feder und erkennt man den großen Mut, der hinter jeder seiner Beobachtungen steht, so versteht man sogleich etwas Neues, etwas, das sich an uns Heutige richtet: Mit der Formel »Meine Liebsten«, die seine Berichte einleitet, brachte Ringelblum vielleicht gegenüber jedem Leser – nahen oder fernen, gegenwärtigen oder zukünftigen – seine Bemühung um Klarheit oder einfach seine Zuneigung und seine Dankbarkeit über jede räumliche oder zeitliche Entfernung hinweg zum Ausdruck.

74 Emanuel Ringelblum, *Oneg Shabbat. Journal du ghetto de Varsovie*, a.a.O., S. 23, 25, 27, 30, 33, 39, 40, 63, 148 etc.

75 Emanuel Ringelblum, *Chronique du ghetto de Varsovie, 1940–1942*, übersetzt von Léon Poliakov nach der Textfassung von Jacob Sloan, Paris: Robert Laffont 1959, S. 33. [Englisch: *Notes from the Warshaw Ghetto. The Journal of Emanuel Ringelblum*, herausgegeben und übersetzt von Jacob Sloan, New York: McGraw-Hill 1958, S. 7 Fn.]

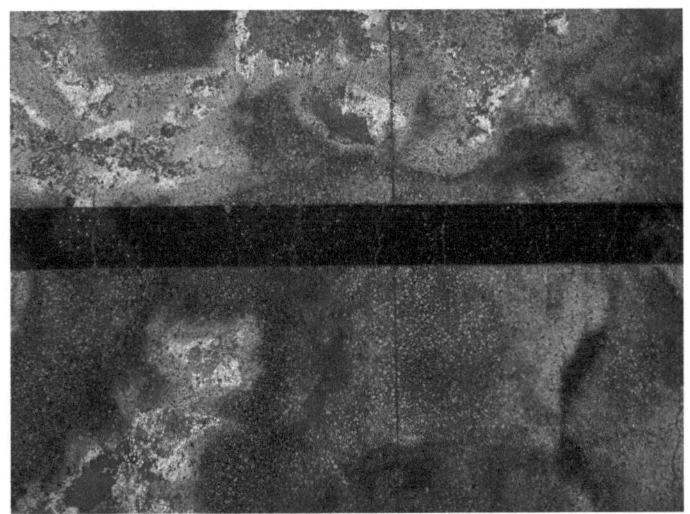

Zerstoben, die Arten, vorläufig zu überleben in der großen Falle, die sich allmählich schließt. Jedes Überleben besteht aus größten und kleinsten Handlungen zugleich, und so wächst aus den von Oyneg Shabes *gesammelten Dokumenten von Tag zu Tag das Archiv.*

Es ist ein Archiv niedergeschlagener Stimmen, niederschmetternder Fakten, vergrabener Dokumente. Es ist ein Archiv gewöhnlicher und schrecklich prosaischer Dinge: unscheinbarer Papiere, mal belanglos und mal bestürzend. Es ist die mindere Literatur einer untergehenden Minderheit, das heißt eines großen Ereignisses der Geschichte. Man sieht, wie sich in diesem Ereignis die einfachsten Handlungen des alltäglichen Überlebens verflechten, Gesten der Größe im Elend, keine epischen Gesten. Und doch ist, wie Zelig Kałmanowicz aus dem Ghetto von Wilno am 19. Februar 1942 schreibt, »unsere Odyssee eine, neben der die homerische ein Zuckerschlecken ist«.[76] So bedarf

76 *Archives Ringelblum. Archives clandestines du ghetto de Varsovie*, Bd. I: *Lettres sur l'anéantissement des Juifs de Pologne*, a. a. O., S. 126.

es geeigneter Handlungen – wären sie letztlich auch wirkungslos –, um der großen Abreise zu entgehen oder sie hinauszuschieben: »Papas Arbeit, der Aussiedlung zu entkommen« (21. Juni 1942) … »Der Zweck dieses Briefes ist es, Euch auf die Tatsache aufmerksam zu machen, dass, wie ich weiß, eine Gruppe von Personen aus dem Lager [Leutawerk Süd] nach Liebenau geschickt wurde und dass man bis heute nicht weiß, was aus ihnen geworden ist, deshalb müsst Ihr genau darauf achten, zu welchem Ort Ihr aufbrecht« (14. Juni 1942).[77]

Wesentliche Papiere also, die aber doch »unscheinbar« bleiben, in denen die tausend zerstobenen Kleinigkeiten zur Sprache kommen, die in jedes Großereignis eingeflochten sind: »Mein lieber Bruder, schreib, was von unserer Wohnung in der Parysowska-Straße übrig ist, ist alles da, weil wir nichts mitgenommen haben, und ich bitte Dich, schick mir warme Kleidung, vor allem eine Unterhose, weil ich die ganze Zeit diejenige trage, die ich am Leibe hatte«: das war die Bitte, die Abram Borowski am 25. Oktober 1942 aus dem Lager von Lublin an seinen Bruder richtete.[78] Wenn man sich heute in die zerstobene Sammlung solcher unzähliger Einzelsituationen vertieft, muss man sich dem konkreten und existentiellen Gehalt jeder *erlebten Geschichte* über die Lektüre annähern. Man fragt sich zudem, woher Emanuel Ringelblum die Gewissheit nahm, für jede von ihnen eine *dokumentierte Geschichte* schreiben zu müssen, die so präzise wie möglich alle Namen und Daten enthielt.

Man fragt sich dann, warum Ringelblum in diesem Punkt nicht dem – doch so verständlichen – Pessimismus seines Lehrers in Historiographie, Isaac Schiper, gefolgt ist, der im Sommer 1943 einem seiner Mithäftlinge von Majdanek anvertraute: »Alles hängt davon ab, wer unser Testament den künftigen Generationen übermittelt, wer die Geschichte

77 Ebd., S. 190 und 220.

78 Ebd., S. 232.

dieser Periode schreibt. Gewöhnlich wird die Geschichte vom Sieger geschrieben. Was wir über vernichtete Völker wissen, ist nur das, was ihre Mörder uns großspurig über sie gesagt haben. Sollten unsere Mörder den Sieg davontragen, sollten *sie* die Geschichte dieses Krieges schreiben, so werden sie unsere Vernichtung als eines der schönsten Kapitel in der Geschichte der Welt präsentieren [...]. Aber wenn *wir* die Geschichte dieser Zeit des Blutes und der Tränen schreiben – und ich glaube fest daran, dass wir das tun –, wer wird uns glauben? Niemand wird uns glauben *wollen*, weil unsere Katastrophe die Katastrophe der ganzen zivilisierten Welt ist.«[79]

Emanuel Ringelblums außerordentliche Herausforderung, mit der er den Verfolgern gegenübertrat – wie auch der »zivilisierten Welt« im allgemeinen, von der Isaac Schiper spricht –, bestand also darin, aus diesen Tausenden von Papierstückchen, die wie Staubflocken aus jeder einzelnen Tragödie aufwirbeln, eine monumentale, unwiderlegbare und unvergessliche Geschichte des Warschauer Ghettos zu erstellen. »Das *Oyneg-Shabes*-Archiv«, schreibt Samuel Kassow, »sammelte sowohl Texte als auch Artefakte: Untergrundzeitungen, Dokumente, Zeichnungen, Bonbonpapiere, Straßenbahnfahrkarten, Lebensmittelkarten, Theaterplakate, Einladungen zu Konzerten und Vorträgen. Es fertigte Kopien der komplizierten Klingelcodes für die Türglocken von Wohnungen an, die von Dutzenden von Mietern belegt waren. Es sammelte Speisekarten von Restaurants, in denen noch Gänsebraten und feinste Weine angeboten wurden, und als Kontrast dazu einen sachlichen Bericht über eine unterernährte Mutter, die ihr totes Kind aufgegessen hatte.«[80]

»Sammelt so viel wie möglich«, mahnte Ringelblum, Hersh Wasser zufolge, »sortieren können sie es nach dem Krieg.«[81] Das hieß: Verwandelt eure gegenwärtige Ohnmacht (eure ei-

79 Zitiert nach Samuel D. Kassow, *Ringelblums Vermächtnis*, a. a. O., S. 334.
80 Ebd., S. 338.
81 Ebd., S. 32.

gene Vernichtung, die im Gange ist) in künftige Macht (eure Geschichte für die anderen, für später). Macht aus eurer Unmöglichkeit zu *überleben* eine Chance *weiterzuleben*. Und dafür »sammelt so viel wie möglich«, weil in dieser Geschichte nichts unbedeutend ist. Könnte man das nicht als Musterbeispiel einer *Politik der Erinnerung* bezeichnen, die sich von der Perspektive des eigenen Lebens oder Todes der Memoirenschreiber gelöst hat? Trotzdem kam es dazu, dass manche Mitglieder des *Bundes* – auch nach dem Krieg, namentlich Marek Edelman – über dieses dokumentarische Fieber spöttelten: als wäre seine umfassende Sammelwut ein Symptom für das Fehlen einer politischen Strategie gewesen.[82]

Und in der Tat, wozu sollte es gut sein, im Ghetto, wo die Leichen verhungerter Kinder herumlagen, die Straßenlieder aufzuzeichnen, die von den Verhungernden, die noch eine Gnadenfrist hatten, an Ort und Stelle erfunden wurden? Welche Dringlichkeit mochte es haben, umfangreiche Denkschriften wie »Gesichter der Straße« oder »Bilder des Ghettos« zu schreiben?[83] Warum also versuchen, das Archiv des alten Musikgelehrten Menachem Kipnis oder des Ethnologen Shmuel Lehman zu bekommen, der sich nicht scheute, den kleinen Ganoven des Ghettos Geld dafür anzubieten, dass sie ihm ihre Lieder vorsangen, damit er sie mitschreiben konnte?[84] Man darf mit der Antwort nicht zögern: Ja, es war eine authentische politische Geste, auf diese Weise die letzten Lieder des Ghettos zu hören und zu protokollieren. Ebenso wichtig war es für Ringelblum, systematisch die geheimen Publikationen des *Bundes* oder der *Zukunft* zu sammeln.[85] Warum das? Weil seine *Politik*

82 Zitiert ebd., S. 620, Anm. 25.

83 *The Ringelblum Archive. Underground Archive of the Warsaw Ghetto*, Bd. I: *Warsaw Ghetto: Everyday Life*, herausgegeben und übersetzt unter der Leitung von K. Person, Warschau: Żydowski Instytut Historyczny im. Emanuela Ringelbluma 2017, S. 2–105.

84 Samuel D. Kassow, *Ringelblums Vermächtnis*, a. a. O., S. 353–355.

85 *Archiwum Ringelbluma. Konspiracyjne Archiwum Getta Warszawy*,

der Geschichte als Sozial- und Kulturgeschichte genau dies in aller Strenge verlangte. Seit seiner Dissertation von 1932 zur *Geschichte des Warschauer Judentums von Anbeginn bis zum Jahr 1527* und seiner Aktivität beim linken Flügel der Arbeiterpartei *Poalei Tsiyon*, seit seinem wissenschaftlichen Engagement in der Nachfolge Isaac Schipers (eines Mediävisten, vergleichbar mit Marc Bloch in Frankreich) und Simon Dubnows, entfaltete Ringelblum methodisch, was Walter Benjamin – vorläufig noch in einer anderen Weltgegend, aber bedroht von denselben Stürmen – *Geschichte der Namenlosen* nennen wollte.[86]

So reihen sich die Archive von *Oyneg Shabes* aufgrund ihres zerstobenen und nichthierarchischen Charakters in den Bereich einer Sozialgeschichte ein, die für alle anthropologischen Dimensionen der menschlichen Entwicklung offen ist. Ihre »zerkrümelte« Struktur, ihre vorbehaltlose Sammlung von »Kleinigkeiten« muss aus der Sicht einer *offenen Geschichte* begriffen werden, die auf sämtliche Aspekte der Existenz achtet und nicht nur auf die Aufzeichnung der Fakten und ihre Synthese. Gerade weil diese Existenz im Ghetto entsetzlichen Zwängen ausgesetzt war, galt es, sämtliche alltäglichen, prosaischen Details seiner Geschichte zu sammeln. So dass das berühmte »Testament« Walter Benjamins, seine Thesen »Über den Begriff der Geschichte«, von ferne, doch in einer exakten historischen und politischen Synchronie das Projekt Emanuel Ringelblums philosophisch zum Ausdruck zu bringen scheint, und zwar genau in der Dialektik zwischen einem materialistischen, marxistischen Standpunkt und einer buchstäblich messianischen Perspektive – bezogen auf die jüdische Theologie –, was die äu-

Bd. XVI, *Prasa-gatta warszawskiego: Bund i Cukunft*, herausgegeben von A. Jarkowska-Natkaniec und M. Rusiniak-Karwat, Warschau: Żydowski Instytut Historyczny im. Emanuela Ringelbluma 2016.

86 Samuel D. Kassow, *Ringelblums Vermächtnis*, a. a. O., S. 53–146. Zur »Geschichte der Namenlosen« vgl. Georges Didi-Huberman, *Peuples exposés, peuples figurants. L'œil de l'histoire 4*, Paris: Les éditions de Minuit 2012.

ßersten Herausforderungen dieser Geschichtsschreibung angeht: »Der Chronist, welcher die Ereignisse hererzählt, ohne große und kleine zu unterscheiden, trägt damit der Wahrheit Rechnung, dass nichts, was sich jemals ereignet hat, für die Geschichte verloren zu geben ist. Freilich fällt erst der erlösten Menschheit ihre Vergangenheit vollauf zu. Das will sagen: erst der erlösten Menschheit ist ihre Vergangenheit in jedem ihrer Momente zitierbar geworden. Jeder ihrer gelebten Augenblicke wird zu einer citation à l'ordre du jour – welcher Tag eben der jüngste ist.«[87]

Als am ersten Abend meines Besuchs Anna Duńczyk-Szulc mir die Pforten des Jüdischen Historischen Instituts Warschau öffnete, war ich sofort von dem Boden der Eingangshalle beeindruckt. Ich habe ihn darum Schritt für Schritt photographiert. Es ist ein apokalyptischer Fußboden. Anna erklärt mir, dass bei der Restauration des Gebäudes beschlossen wurde, die Stigmata dieses Bodens zu belassen: Es ist, als trüge er den Abdruck der benachbarten, heute verschwundenen Großen Synagoge. Als diese von den Nazis gesprengt wurde, stürzte sie auf das Gebäude der *Aleynhilf* – in dem Ringelblum so viel gearbeitet hatte – und löste einen Brand aus, dessen Spuren auf dem Fußboden des Archivs geblieben sind. Ärmliche sichtbare Spur der großen Einäscherung des polnischen Judentums. Da die Geschichte selbst noch in ihrer Ironie boshaft bleibt, findet man heute an der Stelle der gesprengten Synagoge ein Bürogebäude mit dem Zeichen der Firma *MetLife*, die schon mit ihrem Namen beansprucht, die beste Gesellschaft für den Abschluss einer Lebensversicherung zu sein.

87 Walter Benjamin, »Über den Begriff der Geschichte« (1940), in: *Werke und Nachlaß. Kritische Gesamtausgabe*, Bd. 19, Berlin: Suhrkamp 2010, S. 31.

Zerstoben, die tragischen Wege von Spiel und Tod, als selbst die Kinder der Vernichtung geweiht waren.

In dem kleinen Raum, in dem die Archive von *Oyneg Shabes* aufbewahrt werden, faltet Agnieszka Reszka vor meinen Augen weitere weiße Papierblätter auseinander, in denen sich kleine farbige Vignetten in Rot, Rosa oder Blau befinden, angerissene, fleckige Papierchen, bedruckt mit hebräischen und polnischen Wörtern. Ich versuche zu entziffern: *Fabryka Cukrów Wiktoria … Pomarancz-Migdały … Ormanski Irys …* Es sind Bonbonpapiere, Verpackungen von Süßigkeiten. Ich denke an die Photographie von Gela Seksztajn und ihrer kleinen Tochter, die ich ein paar Minuten zuvor im Nachbarraum gesehen habe. Ich denke wieder an die Bilder von Kindern mit nackten Füßen, zerlumpt, unendlich traurig oder misstrauisch, ratlos oder flehend, hungernd oder bettelnd, sterbend auf der Straße oder bei der Arbeit auf dem Friedhof in den Massengräbern, all das, was man mit solcher Deutlichkeit auf der Photoserie sieht, die der Soldat Heinrich Jöst an einem einzigen Tag bei seinem »Spaziergang« durch die Straßen des Ghettos gemacht hatte.[88]

»Schmerzliche Tragödie der jüdischen Kinder«, schreibt Ringelblum am 29. März 1940 in sein Tagebuch: Epidemien, Hunger; »die jüdischen Schulen sind nicht autorisiert«; »zahlreiche Fälle von Kindern, die im Stich gelassen wurden« und die »in den Straßen herumirren, herumlungern, hilfos«[89] … Hier, im September 1941, »singt ein kleiner Bettlerjunge mit bezaubernder Stimme: *Ich will meine Lebensmittelkarte nicht weggeben, ich will nur überleben, um glücklich zu sein.*«[90] Dort, im Oktober desselben Jahres, »sitzen zwei Bettlerkinder auf der Straße und halten ein Schild hoch mit der Aufschrift: ›S. O. S.‹«[91] Wenig später, am 14. November 1941, notiert Ringelblum die entsetzliche Realität: »Die ersten Fröste sind schon da, und die Leute sind erstarrt. Nichts ist schrecklicher als der Anblick erfrierender kleiner Kinder. Kinder mit nackten Füßen, mit bloßen Knien, in zerlumpter Kleidung, die auf der Straße stehen und stumm weinen. Heute, am 14. abends, habe ich einen kleinen Wurm, drei oder vier Jahre alt, vor Kälte schluchzen hören. Wahrscheinlich wird man ihn, nachdem er einige Stunden so verbracht hat, morgen früh erfroren finden. Schon im Oktober, als der erste Schnee gefallen war, hat man in verschiedenen Winkeln einer Reihe von Häuserruinen auf Treppen die Leichen von 17 erfrorenen Kindern gefunden. Der Tod von Kindern durch den Frost ist dabei, zu einem massiven Phänomen zu werden. […] Das Volk bedeckt die kleinen eingefrorenen Leichen mit prächtigen kleinen Plakaten, die den ›Monat des Kindes‹

88 Günther Schwarberg, *Im Ghetto von Warschau. Heinrich Jösts Fotografien*, Göttingen: Steidl 2001; ders., *Das Getto. Spaziergang in die Hölle*, Frankfurt a. M.: Fischer Taschenbuch 1991.

89 Emanuel Ringelblum, *Oneg Shabbat. Journal du ghetto de Varsovie*, a. a. O., S. 88.

90 Ebd., S. 279.

91 Ebd., S. 284.

ausrufen […]. Damit wollen die Leute ihren Zorn über das Versagen der CENTOS [Zentralorganisation für die Waisenfürsorge] zum Ausdruck bringen.«[92]

Es ist bezeichnend, dass Emanuel Ringelblum in sein Tagebuch eine Spezialstudie mit dem Titel »Geschichte der Sozialhilfe in Warschau während des Krieges« aufnehmen wollte; ebenso interessierte er sich für die Praxis bei den Polen, einige Ghettokinder unter der Voraussetzung aufzunehmen, dass sie unmittelbar zum Katholizismus konvertiert würden.[93] Schließlich fragte er sich am 26. Mai 1942 verzweifelt, wozu die Sozialhilfe – für die er im Rahmen der *Aleynhilf* so viel Energie aufgewandt hatte – gut sein solle, wenn am Ende doch alle dem Tode geweiht seien: »Die Sozialhilfe löst nicht das Problem [des Hungers], sie erlaubt es, das Leben der Menschen ein wenig zu verlängern. Doch sie sind zum Untergang bestimmt, was auch geschehen mag. Die Sozialhilfe verlängert ihr Leiden ohne irgendeinen Ausweg, denn um irgend etwas Bedeutendes zu leisten, müsste sie jeden Monat über Millionen vom *złotys* verfügen, und die hat sie nicht. Bleibt die feststehende Tatsache, dass die Besucher der Suppenküchen wie die Fliegen sterben, wenn sie nur die [wässrige] Suppe essen, die ihnen vorgesetzt wird, und das trockene Brot der Lebensmittelkarten.«[94]

Das *Oyneg-Shabes*-Archiv bewahrt – neben so vielen anderen – einen Brief auf, der typisch ist für solche Situationen, die jeden verzweifeln lassen. Am 27. Mai 1942 schrieb Janina Szylska aus Sosnowiec: »Ich erlaube mir, Euch ein paar Worte zu schreiben, weil es bei uns große Veränderungen gegeben hat. Monsieur und Madame Cu[kier], bei denen ich gearbeitet habe, sind deportiert worden, ich weiß nicht wohin, seit Samstag waren sie im Lager unserer Stadt,

92 Ebd., S. 293.

93 Ebd., S. 393–395 und S. 411–419.

94 Ebd., S. 341.

heute hat man sie deportiert, ohne Nachricht zu geben, und das Kind ist vorläufig bei mir geblieben, weil Madame das Kind nicht mitnehmen wollte, weil sie nicht wussten, zu welchem Bestimmungsort, und vor allem, wohin ihre Reise gehen würde [*sic*]. Ich wende mich deshalb an Sie um einen Rat, was das Kind angeht. Was soll ich jetzt tun, da ich eine Aufforderung erhalten habe, nach Deutschland zu gehen? Das war, als Monsieur und Madame noch da waren. Nun weiß ich nicht, was jetzt geschehen wird, und ich sehe nicht, wie dieses Kind hier behütet werden könnte, weil Sie sich vorstellen können, wie es mit der übrig gebliebenen Familie aussieht. Ich werde in meinem nächsten Brief mehr schreiben, heute kann ich nicht.«[95]

Man kann sich leicht vorstellen, dass das Drama der Kinder der Punkt war, in dem sich das allgemeine Drama der jüdischen Bevölkerung insgesamt kristallisierte. Verkörperten die Kinder nicht das Leben und Überleben der Menschheit als solcher? Man wird deshalb verstehen, dass die Sorge um die Kinder den Ausgangspunkt für den Widerstand mit allen Mitteln gegen die Vernichtungsmaschine der Nazis bildete. Gewiss, am 5. August 1942 wurden die Kinder des Ghettos zusammen mit den anderen in die Waggons mit Ziel Treblinka geworfen, so dass es fünf Wochen später praktisch keine jüdischen Kinder mehr in Warschau gab. Mit ihnen wurden auch jene abtransportiert, die bis dahin als »Erzieher« für sie gesorgt hatten: Janusz Korczak, Stefania Wilczńska, Nusen Koniński und noch so viele andere.

Das Ringelblum-Archiv hat diesen entscheidenden Aspekt des Lebens im Ghetto außerordentlich gut dokumentiert. Der zweite Band seiner [französischen] Edition ist vollständig dieser Frage gewidmet; er trägt den Titel *Die Kinder und der heimliche Unterricht im Warschauer Ghetto*. Er

95 *Archives Ringelblum. Archives clandestines du ghetto de Varsovie*, Bd. I: *Lettres sur l'anéantissement des Juifs de Pologne*, a. a. O., S. 160.

lässt einerseits die Kinder, andererseits die Erzieher und Erzieherinnen, die Pflegerinnen und generell all die Erwachsenen zu Wort kommen, die sich, so gut sie konnten, um diese Kinder in Not kümmerten. Alle bezeugen ein Leben in der ständigen Spannung zwischen dem Tod, der in jedem Moment eintreten konnte, und zum Beispiel der Sorge, den Stundenplan in den geheimen Schulen abwechslungsreich zu gestalten.[96] Eine Spezialstudie vom November 1941 trägt den Titel *Aspekte des jüdischen Kindes*: Sie spricht in aller Deutlichkeit die Hauptschwierigkeit an, die sich aus der *verstreuten* Existenz *verlorener* Kinder ergibt, deren Familien vertrieben, deportiert oder massakriert worden waren.[97] Wie sollte man diese Kinder unter solchen Bedingungen resozialisieren, wie sollte man bei ihnen die Lust am Leben wecken, sie schützen und sie um jeden Preis weiterhin *zusammenbringen* und gemeinsam *aufziehen*?

Dann findet man, wie dieser heimliche Unterricht im einzelnen aussah: wie man *trotz allem* lernen und aus diesem Unterricht eine Gemeinschaft bilden musste. Wie die *Wahrheit* gesagt und nicht verschleiert werden sollte. Wir finden das etwa in einer Untersuchung, in der die Kinder selbst – oft sehr roh – über das Schicksal ihrer Familie sprechen (»mein Papa ist tot, und ich bin allein auf der Welt geblieben [...]. Jetzt lerne ich ...«), aber auch über die Kriegssituation und ihre Folgen für den Alltag.[98] Trotzdem entdecken wir anhand dieser Dokumente, wie eine solche Pädagogik mit allen Mitteln versuchte, *Freude* zu wecken – wenngleich eine heimliche Freude. So hat Ringelblum die Sammlung von potentiellen Zeugnissen einer solchen Lebensenergie organisiert, indem er alle möglichen Initiativen erfand oder improvisierte: die Eröffnung einer »Zentralbibliothek« für

96 *Archives Ringelblum. Archives clandestines du ghetto de Varsovie*, Bd. II: *Les enfants et l'enseignement clandestin dans le ghetto de Varsovie*, a. a. O., S. 119–247.
97 Ebd., S. 305–330.
98 Ebd., S. 27–117.

Kinder mit Unterstützung von Buchhandlungen oder privaten Sammlern, deren Bücher den Beschlagnahmungen entgangen waren;[99] oder auch die Organisation von Bühnenvorstellungen mit Chören, Tänzen und kleinen Theaterstücken:

»Chor:
a) *Es ist Festtag*
b) *Beim Schmied wird gearbeitet*
c) *Espadrilles*
d) *Am Fluss aus klarem Silber*
e) *Schneeflocke*
Leitung: Goldberg
Am Klavier: F. Blit [...]

Tänze:
a) *Kleine Maus*
b) *Kujawiak* [regionaler Tanz]
c) *Krakowiak* [regionaler Tanz]
d) *Chassidischer Tanz*
Unter der Leitung von Tran-Hertslikh

Schauspiel in drei Akten:
All die Fenster zur Sonne«[100]

Im Januar 1942 wurde ein Jiddisch-Lesebuch zusammengestellt, eine Sammlung literarischer Texte, die von Natan Smolar und Beniamin Wirowski ausgewählt wurden. Sie enthielt namentlich Erzählungen von Tolstoj (*Der Wolf und das Lamm* [*sic*]), Bialik (*Der Fluss tobt*), Alphonse Daudet (*Monsieur Seguins Ziege*) oder Peretz (*Der Fuhrmann*) ...[101] Sie endete mit einem Märchen von Eliezer Shindler mit

99 Ebd., S. 258 f.
100 Ebd., S. 248 (und allgemein S. 248–277).
101 Ebd., S. 280 f.

dem Titel *Warum Hasen gespaltene Lippen haben*: Man erfährt darin, wie es diesen wehrlosen Tieren gelingt, mit Hilfe einer List ihre natürlichen Feinde zu erschrecken, und dann lachen sie darüber so sehr, dass ihre Lippen sich spalten.[102] Ich sage mir bei der Lektüre dieses Märchens, dass das kleine Bonbonpapier, das ich im Archiv entdeckt habe, vielleicht von einem letzten Kinderlachen zeugt.

102 Ebd., S. 301.

Zerstoben, die Modalitäten des Blicks oder der Blickverweigerung, die Möglichkeiten zu sehen oder nicht sehen zu wollen. Zerstoben, die Erkenntnisse der Zeit, die die Bilder uns liefern können.

Endlich öffnet Agnieszka Reszka einen großen grauen Pappkarton, in dem sich wiederum ein Ringbuchordner befindet. Ein Ordner, der die etwa sechzig photographischen Aufnahmen enthält, die in Warschau im *Oyneg-Shabes*-Archiv überlebt haben, jeweils begleitet von einem Blatt mit dokumentarischen Angaben. Das war es im Grunde, weshalb ich hierher gekommen bin: um diese paar Bilder zu sehen, *zu sehen zu bekommen*. Oder um den Versuch zu machen, sie zu sehen, um *zu versuchen zu sehen*, wie Samuel Beckett gesagt hätte. Anna Duńczyk-Szulc hatte mir schon am Abend zuvor ihre Zweifel, ihre Fragen als Historikerin angedeutet. Bildet die Gesamtheit dieser Photographien tatsächlich ein *Korpus*? Sind sie nicht allzu *verstreut*, zusammenhanglos, um etwas Kohärentes daraus schließen zu können? Wie ist die materielle Disparität der Abzüge, die

Unterschiedlichkeit der Papiere und der technischen Bedingungen zu verstehen (wobei diese Papierabzüge, auch wenn sie 1946 in der ersten Charge der Metallbehälter gefunden wurden, nicht allzusehr unter der Feuchtigkeit gelitten haben)? Wer hat diese Photographien aufgenommen? Wie hat man sie gesammelt? Anna geht sogar so weit, sich die Frage zu stellen – wenigstens scheint es mir so, denn sie formuliert vorsichtig –, ob dieses Ensemble von Bildern, die heute in demselben Behälter zusammen liegen, überhaupt vollständig aus der Aktivität von *Oyneg Shabes* zwischen 1939 und 1943 hervorgegangen ist; ob also nicht manche von ihnen erst nachträglich gefunden und einsortiert wurden. Umgekehrt spricht alles dafür, dass einige an ihrem Platz fehlen, dass sie vielleicht Ende der vierziger Jahre dem Ensemble entnommen wurden (dann wären sie also woanders, wo man eines Tages, nur mit ein paar Indizien bewaffnet, noch suchen müsste).

All diese Fragen sind zweifellos legitim. Aber sie sind auch symptomatisch für eine bestimmte Verwendung photographischer Objekte in solchen Archiven. Symptomatisch war zum Beispiel die Art und Weise, wie man in dem Werk, mit dem sich das Jüdische Historische Institut Warschau 2014 präsentierte, eine Trennung zwischen dem eigentlichen Archiv und dem vornahm, was als »Dokumentation« bezeichnet wurde, als gehe es um ein Sammelsurium angehängter Kuriositäten.[103] Es ist ein wenig so, als könnte – im Unterschied zu den *Dokumenten*, bei denen die philologische Strenge es per se erfordert, ihre physische Integrität ebenso wie ihre ursprüngliche Klassifizierung genauestens zu bewahren –, die *Dokumentation*, bestehend aus »verschiedenen Arten von Werken, von Gegenständen des historischen Interesses [und]

103 Z. Flisowska und M. Krasicki (Hg.), *The Emanuel Ringelblum Jewish Historical Institute*, Warschau: Żydowski Instytut Historyczny im. Emanuela Ringelbluma 2014, S. 32–55 (»Archive«) und S. 88–91 (»Documentation«).

Photographien«,[104] ungezwungener genutzt werden, ohne Rücksicht auf ihre materiellen oder intellektuellen Entstehungsbedingungen zu nehmen. Aber warum sollte man die »Papierdokumente« von den »Papierphotos« trennen? Handelt es sich nicht beidemal um Papier? Sind es nicht in beiden Fällen wesentliche Zeugnisse für unsere moderne Geschichte? Zeigt mir Agnieszka Reszka nicht ein epochales, handschriftliches Repertoire, in dem die Photographien mit der gleichen Berechtigung aufgeführt werden wie die wichtigsten Texte?

Warum wurde schließlich in der großen Edition des Ringelblum-Archivs – in der »alles publiziert« werden sollte und in der die schriftlichen Dokumente sehr häufig mit ihren photographischen Reproduktionen einhergehen[105] – nicht ein Band vorgesehen, der für diese Photographien bestimmt war? Grundsatzfragen, die sich heute an den Rahmen einer epistemischen oder historiographischen Intelligibilität richten müssen, an dem sich die vergangene, gegenwärtige und zukünftige Veröffentlichung dieser tragischen Schätze orientiert. Es kommt mir persönlich nicht zu, die Echtheit dieser Bilder zu beglaubigen, ihnen ihre Bedeutung zuzuschreiben oder sie gar zu veröffentlichen (weshalb ich an dieser Stelle auch keine »offizielle« Reproduktion dieser visuellen Dokumente liefere): das wäre zweifellos die Aufgabe von Anna Duńczyk-Szulc. Im Augenblick beugen wir uns erst einmal gemeinsam über die Abzüge. Wiederholt erscheint der Stempel eines Photoateliers des Ghettos, *Foto Forbert*. Die Vermerke auf der Rückseite der Bilder sind spärlich und häufig aller Wahrscheinlichkeit nach »apokryph«.

104 Ebd., S. 88.
105 Vgl. zum Beispiel *Archiwum Ringelbluma. Konspiracyjne Archiwum Getta Warszawy*, Bd. I: *Listy o Zagładzie*, a. a. O., oder *Archiwum Ringelbluma. Konspiracyjne Archiwum Getta Warszawy*, Bd. III: *Relacje z Kresów*, hg. von A. Żbikowski, Warschau: Żydowski Instytut Historyczny im. Emanuela Ringelbluma 2000.

Vielleicht muss man noch einmal zurückgehen und weiter oben neu anfangen: einfach hinsehen, ganz schlicht hinsehen. Bevor ich jeden Abzug unter die Lupe nehme, versuche ich das Ganze zu betrachten: was es gewissermaßen nahelegt, schnell vorzugehen, zu »blättern«. Das liefert wertvolle Hinweise auf den *Gestus* insgesamt, die gewählte Methode, die vorgeschlagene Zusammenstellung. So werden Konstellationen sichtbar. Bei diesem Verfahren fällt mir als erstes auf, dass sämtliche Photographien innerhalb des Ghettos aufgenommen wurden: das ist die erste – grundlegende – Logik dieses Ensembles von Bildern. Sie entspräche, wenn es denn Zweifel gäbe, dem historischen Vorgehen von *Oyneg Shabes*, das ja darin bestand, das Schicksal des Warschauer Ghettos von innen her zu dokumentieren; jeder andere Blickwinkel wäre ihm ja auch unmöglich gewesen, weil in diesem Fall der Beobachter kein situatives Privileg gegenüber dem Beobachteten innehat.

Verstreute Photos zweifellos: lückenhaft. Viele andere Situationen hätten dokumentiert werden können. Zu der ursprünglichen Sammlung gehörten übrigens viele weitere Bilder – dreihundert, heißt es. Doch in diesem »Rest« und dieser scheinbaren »Unordnung« zeichnen sich, wie ich meine, drei strikt gegliederte historische und politische Gruppen paradigmatischer Motive ab. Die erste Gruppe dieser Motive, die dokumentiert werden sollten, war die *Regierung der Unterdrücker*. Trotzdem, man sieht sie kaum, die Nazi-Unterdrücker: Sie sind zumeist auf der anderen Seite. Dennoch beherrschen sie alles, potentiell wie aktuell. Ihre Terrormacht geht von einem der immer wiederkehrenden Themen dieses Bilderensembles aus: nämlich der Ghettomauer, häufig als eigenes Motiv photographiert, mit abwechselnd leeren und übervölkerten Straßen, als Ort des Elends oder einer scheinbaren urbanen »Normalität«. Die Ghettomauer wäre demnach das unpersönliche Emblem, aber auch das wichtigste technische Dispositiv der von den Deutschen betriebenen Politik: abriegeln, isolieren, aushungern, auslöschen. Eine Teilmenge dieser visuellen Dokumentation betrifft die Tore, Zugänge, Barrieren, kurz: all die militärisch kontrollierten Eingänge des Ghettos. Auf einem der Photos erkennt man zum Beispiel gut die Organisation der Bewachung, den jüdischen Polizisten (im Vordergrund) und, auf der anderen Seite der Absperrung, zwei Soldaten, einen Polen und einen Deutschen. Es gibt auch eine visuelle Spur der berühmten Holzbrücke über die »arische Zone« sowie einige Bilder von den Ruinen, die im Ghetto durch die Bombardierungen oder Sprengungen der Deutschen entstanden waren.

Die zweite Motivgruppe ergibt sich aus dem paradoxen Umstand, dass das abgeriegelte Leben im Ghetto seine eigene Administration hatte, den Judenrat: Er erscheint hier auf einer Menge von Photographien, auf denen man etwas von der schwer erträglichen Realität dieser *Regierung der Unterdrückten* begreift, die in eine Spirale unmöglicher Verhandlungen mit den »Herren«, perverser Kompromisse, Ungerechtigkeiten und Misshandlungen jeder Art hineingezogen wurde, all das trotz ihres Willens, in einer solchen Drangsal für die Bevölkerung des Ghettos »das Möglichste zu tun«. Auf dem Bild, das ich selbst photographiere, in seiner transparenten Plastikschutzfolie und dem zugehörigen Blatt mit den dokumentarischen Angaben, sieht man eine Gruppe von Frauen, an die der Judenrat, umgeben von erstaunlich viel Polizei, gerade Brot verteilt: Mehrere von der Kamera festgehaltene Handbewegungen belegen ganz offensichtlich, was uns theoretisch der visuellen Darstellung ganz unzugänglich erscheinen würde, nämlich der von diesen Frauen erlittene Hunger.

Wenn die Mauer das Emblem der ersten Motivgruppe darstellt, könnte die Uniform der jüdischen Polizei die analoge Funktion für die zweite übernehmen. Sie ist nicht mehr eine unpersönliche Sache, eine schiere Undurchdringlichkeit, sondern ein sozialer Korpus: junge, kräftige polnische Juden, die sich zu dieser schmutzigen Arbeit für das Gewähren bestimmter Privilegien bereiterklärt haben: nur vorläufiger Privilegien im übrigen, denn am Ende werden sie alles verlieren und ermordet werden wie alle anderen. Man sieht sie bei ihren anscheinend repressivsten Einsätzen. Sie eskortieren die Ströme der Unzähligen auf dem Weg zum Umschlagplatz. Oft sieht man am Rande dieser Bilder die massige Gestalt Adam Cerniaków's, des Präsidenten des Judenrats. Niemals setzt er eine besondere Miene auf. Es ist, als ob die moralische Verzweiflung und die unendliche Traurigkeit, die ihn überwältigen mussten, seine physische Anwesenheit geradezu unwirklich erscheinen ließen in Situationen, in denen er gezwungen war, seinem Volk, um es zu schützen, Gewalt anzutun.

Das Herz schnürt sich einem beim Anblick der Bilder zusammen, auf denen der Judenrat ganz offensichtlich sich selbst präsentieren wollte, insbesondere mit der professionellen Hilfe dieses »Atelier Forbert«, von dem *Oyneg Shabes* meiner Vermutung nach photographische Abzüge erlangen konnte: Es sind hochoffizielle Gruppenporträts. Das heißt, es sind lächerliche »Posen« einer Klasse von Unterdrückten, die noch einige ihrer Vorrechte zu genießen glaubt. Diese Bilder stehen in grausamem Kontrast zu einigen medizinischen Photographien, auf denen Gruppen von Kindern im Endstadium von Unterernährung »posieren«. Bilder, die wiederum mit Ansichten von Straßen kontrastieren, deren Mauern mit Todesanzeigen vollgeklebt sind, was hier eine traurige Wendung nimmt, weil es zeigt, wie massiv die Sterblichkeit im Ghetto war. Als wäre es nötig, noch inmitten des generalisierten Todes anzudeuten, dass eine soziale Klasse mehr gilt als eine andere.

Wir begegnen hier der sozialkritischen Dimension, die dem historischen Denken Emanuel Ringelblums eigen ist. Die dritte Motivgruppe, die die photographische Sammlung von *Oyneg Shabes* strukturiert, wird also logischerweise das *unregierbare Volk* sein: das Volk der Namenlosen, der Untergehenden. Das Volk, um das sich keine Regierung kümmern möchte. Dem folglich jede Regierung, selbst ein jüdische, feindlich bleiben wird. Damit öffnet sich eine konturlose Zone des »Lebens trotz allem«, des unregierten, weil sich selbst überlassenen Lebens, das aus vitaler Notwendigkeit illegal oder heimlich stattfindet. Sein visuelles Emblem wären vielleicht, im Gegensatz zu den Uniformen aller Art, jene zerschlissenen oder zusammengeflickten Lumpen, mit denen die Straßenkinder bekleidet waren und von denen die 1946 geöffnete Metallkiste zumindest zwei Bilder bewahrte.

Eine weitere Serie von sechs Photographien dokumentiert die Art und Weise, wie die Bevölkerung des Ghettos alle verfügbaren Räume – Sportplätze oder Dachböden von Häusern – dazu nutzte, Kartoffeln und Gemüse anzupflanzen. Einige Ansichten zeigen den Kleinhandel oder Tauschgeschäfte mit Lebensmitteln, Kohle oder Kleidung, die von der Situation erzwungen wurden, bis hin zu Schmuggel, auf den damals die Todesstrafe stand: Zwei aufeinanderfolgende Photos, wahrscheinlich durch ein Hochparterrefenster mit Fenstergitter im Vordergrund aufgenommen, zeigen in einer Sequenz, wie ein großer Sack, wahrscheinlich mit Lebensmitteln, aus der »arischen Zone« über die Ziegelmauer ins Ghetto geschleust wird. Unter den Gruppenansichten dieses photographischen Ensembles ähnelt keine mehr dem Typus des steifen »Gruppenporträts«: Die Leute sind gleichsam herangetreten, nacheinander, als wären sie mit dem Photographen vertraut. Manchmal lächeln sie, ein Zeichen dafür, dass sie Vertrauen haben: Es ist einer der Ihren, der sie photographiert und der sie versteht.

Zerstoben, die moralischen Perspektiven, die in jeden Blick, in jeden technischen Handgriff eingelassen sind – Kadrierung, Fokussierung, Helligkeit, Montage –, der die Sichtbarkeit des Bildes formt.

Das ganze Archiv von *Oyneg Shabes* wurde von einer Art »Moralvertrag« ermöglicht und getragen. Vielleicht wäre es besser zu sagen: von einer ethischen Parteinahme. Die eigentliche Grundlage dieser Beziehung war das Vertrauen. Etwa wenn Szlamek seine Erlebnisse dessen, was im Lager von Chełmno geschah, dem Archiv in Verwahrung gab [*déposait*] – im Sinne einer Opfergabe wie auch einer Zeugnisgabe [*déposition*] – oder wenn die Empfänger von Familienbriefen ihre Papiere den Sammlern des Ringelblum-Archivs *anvertrauten*. Das gleiche Vertrauen meine ich auf den meisten Bildern zu sehen, von denen ich hier spreche, nämlich in der Beziehung zwischen dem Photographen und dem Photographierten. Beide waren Teil derselben Welt. Sie standen einander gegenüber, gewiss, aber um sich in einer Situation, die sie beide gemeinsam umfasste – umbrachte –, unter die Arme zu greifen.

Beim Betrachten dieser Photographien des Ringelblum-Archivs fiel mir spontan eine Formulierung ein, die etwas schaurig klingt: Ich sagte mir, *dass damals die Sterbenden sich gegenseitig anblickten*. Ein wenig so, wie in anderen Situationen – gewiss weniger tragischen, doch auch das waren Situationen von Eingeschlossenen, von Gefangenen – Erniedrigte fähig gewesen waren, einander anzublicken.[106] So habe ich dieses Ensemble von Photographien als eine große visuelle Klage betrachtet, als ein gegenseitiges Annehmen des Status von *Untergehenden*, dennoch geleitet – getragen, zusammengestellt, konstituiert – von einem Blick, der so würdig und präzise ist wie nur möglich. Wie in der Formulierung Gershom Scholems über die *quinah* (»dass die Lehre klagte und die Klage lehrte«[107]), konstruiert jedes Dokument von *Oyneg Shabes*, ob schriftlich oder photographiert, ebendiese *doppelte Distanz*, in der Emotion zu Erkenntnis und Erkenntnis zu Emotion werden kann.

Beim Durchblättern des Ordners mit den Photographien des Ringelblum-Archivs, die in transparenten Dokumentenhüllen aufbewahrt werden, halte ich einen Moment lang bei dem Bild eines kleinen Jungen inne, der im Ghetto auf der Straße bettelt. Er hat eine Blechdose in der rechten Hand und macht mit der Linken die unvordenkliche Geste des Bettlers. Hinter ihm ist eine Ziegelmauer. Seine Mütze ist von der gleichen Art wie die des berühmten »jüdischen Kindes von Warschau«, das bald – im April oder Mai 1943 – vor der Bedrohung durch die deutschen Gewehre die Hände heben wird.[108] Es scheint zugleich dem Photographen zu-

106 Vgl. Georges Didi-Huberman, »Wenn ein Erniedrigter auf einen anderen Erniedrigten blickt« (2009), in: *Remontagen der erlittenen Zeit. Das Auge der Geschichte* 2, übersetzt von Markus Sedlaczek, Paderborn: Fink 2014, S. 229ff.

107 Gershom Scholem, »Über Klage und Klagelied«, in: *Tagebücher nebst Aufsätzen und Entwürfen bis 1923*, 2. Halbband, a. a. O., S. 133.

108 Frédéric Rousseau, *L'enfant juif de Varsovie. Histoire d'une photographie*, Paris: Seuil 2009.

zulächeln und zu klagen. Spontan habe ich mein eigenes Gesicht über das Photo gebeugt, ohne zu wagen, es aus seiner durchsichtigen Schutzhülle herauszunehmen, und habe meinerseits einen Ausschnitt davon photographiert. Als ich mich so diesem Kindergesicht näherte, habe ich da nicht etwas von der photographischen Geste wiederholt, der Geste als *Berührung*? Aber indem ich das Bild in seiner Schutzhülle ließ – was auf meinem eigenen Photo eine Art lichten Nebel, ein verschwommene Helligkeit schuf, die auf dem Bild selbst nicht vorhanden ist –, habe ich da nicht einen *Abstand* zu der Emotion gewahrt, die mich in diesem Moment ergriff?

Entspricht eine Photographie nicht zumeist ebendieser Phänomenologie? Ist sie nicht Berührung und Abstand zugleich? Mehr oder weniger Berührung und mehr oder weniger Abstand? Es ist bezeichnend, dass dieser doppelte Status – mit seinen jedesmal neu zu prüfenden ethischen Konsequenzen – in der Praxis Ringelblums als Historiker wie auch beim Schreiben seines Ghettotagebuchs durchscheint. Wenn er die Schreibweise der dokumentarischen Montage heraufbeschwört, wie etwa in den »Versuchen« oder den »Bildern des Ghettos«, so wählte er entschlossen eine sehr visuelle, überhaupt sinnliche Herangehensweise: ein Ensemble von »Klangbildern« – so dass man dann deskriptive Syntagmen lesen konnte wie *Uuuuueeeeeeee!!!!* (Sirenen), *Ratatatat! Ratatatat! Ratatatat!* (Maschinengewehre) oder *SOS! SOS! SOS! SOS !!! !!! !!!*[109] – und von typisch kinematographischen oder photographischen Aufnahmen, die man nicht zufällig als »Schnappschüsse« bezeichnet.[110]

Außerdem kommentierte Emanuel Ringelblum in seinem *Tagebuch* das Paradox, dass die im Ghetto eingeschlossenen jüdischen Kinder die Schönheiten ihrer eigenen Stadt

109 *The Ringelblum Archive. Underground Archive of the Warsaw Ghetto*, Bd. I: *Warsaw Ghetto: Everyday Life*, a.a.O., S. 4, 17.
110 Ebd., S. 93f.

Warschau nur noch als Photographie sehen konnten.[111] Im August 1941 erwähnte er einen Bettler, »ehemals Arbeiter in den [Arbeits-]Lagern«, »der seine Photographie mit sich herumschleppt, auf der er sehr schön, frisch, jung und bei guter Gesundheit zu sehen ist, während er jetzt das Bild eines in Lumpen gewickelten menschlichen Wracks abgibt«.[112] Er vergaß auch nicht die niederträchtigen Gebrauchsweisen der Photographie, besonders wenn sie den Nazis als Nachweis ihrer »Jagdbeute« oder als Kriegstrophäe diente. Am 13. April 1940 notierte er: »In Lublin gab es einen [SS-Hauptsturmführer namens Anton] Brandt, der eine Photographie einer Gruppe von Juden besaß, die an einer Mauer aufgestellt waren, und dann einen zweiten Abzug, auf dem man sah, dass die Hälfte von ihnen ermordet worden war. Die dritte [Gruppe], ganz wie die zweite, half die erste begraben.«[113] Unter demselben Datum erzählt er, wie eine Frau ihm berichtet habe, ein Soldat habe »die Photographie einer jüdischen Familie herumgezeigt und dabei *unhejmlech* gelacht. Jedenfalls weigerte er sich zu sagen, was geschehen war und welche Beziehung ihn mit der Photographie verband. Doch es war klar, dass er diese jüdische Familie ermordet hatte.«[114]

Die letzten Stunden meines Aufenthalts im Jüdischen Historischen Institut habe ich in dem großen Zimmer des photographischen Dienstes verbracht, der vor mehr als dreißig Jahren von Janek Jagielski geschaffen wurde. Er forschte – und forscht noch immer – nach Bildern aller Art, die von nah oder fern, in der Berührung oder aus der Distanz, die vielfältigen Aspekte des Lebens und des Todes im Warschauer Ghetto dokumentieren können. Janek Jagielski arbeitet auf altmodische Weise: Er hätte, in einer

111 Emanuel Ringelblum, *Oneg Shabbat. Journal du ghetto de Varsovie*, a.a.O., S. 251.

112 Ebd., S. 257.

113 Ebd., S. 96.

114 Ebd., S. 98 f.

anderen Weltgegend, an den ikonologischen Schautafeln Aby Warburgs in Hamburg mitarbeiten können. Er benutzt Papier, Schere, Klebstoff und Pappkartons in völliger Übereinstimmung mit einer Epistemologie dessen, was man die *Papierepoche* nennen könnte.[115] Seine Methodologie ist demnach eine ganz andere als jene, von der sich das Archiv selbst leiten lässt. Er markiert auf den Bildern mit kleinen Pfeilen den genauen Ort – Straße und Hausnummer –, den die Ghettobilder, die durch seine Hände gehen, dokumentieren. Er versucht, so gut er kann, die photographierten Personen zu identifizieren: auch das eine unermüdliche, unmögliche Weise, sich ihnen zu nähern. Er kennt jeden Grabstein, jedes noch bestehende Fragment der jüdischen Friedhöfe Warschaus. Er kümmert sich also vor allem um die Prosopographie und die Topographie in dieser Stadt, die nicht mehr die Straßen und die Gesichter von früher hat.

Er schöpft aus allen Quellen. Er scheut sich also nicht, die Bilder der Nazis zu benutzen. Über die bekannten Sammlungen von Willy Georg oder Heinrich Jöst hinaus, von dem entsetzlichen Stroop-Bericht ganz abgesehen,[116] hat Janek Jagielski eine außergewöhnliche photographische Dokumentation zusammengetragen, die, könnte man sagen, aus den Tiefen der Uniformtaschen der SS oder der Wehrmachtssoldaten stammt, die in Warschau stationiert waren. Diese Dokumentation bedürfte einer gesonderten Untersuchung: Es besteht kein Zweifel, dass sie dazu

115 Vgl. besonders Anke te Heesen (Hg.), *Cut and Paste um 1900. Der Zeitungsausschnitt in den Wissenschaften*, Berlin: Vice Versa 2002; Anke Kramer und Annegret Pelz (Hg.), *Album. Organisationsform narrativer Kohärenz*, Göttingen: Wallstein 2013.

116 Jürgen Stroop, *»Es gibt keinen jüdischen Wohnbezirk in Warschau mehr«: Stroop-Bericht*, Darmstadt/Neuwied: Luchterhand 1976; Willy Georg, *In the Warsaw Ghetto summer 1941: Photographs with passages from Warsaw ghetto diaries*, zusammengestellt und mit einem Nachwort von Rafael F. Scharf (Ausstellungskatalog), New York: Aperture 1993; Günther Schwarberg, *Im Ghetto von Warschau. Heinrich Jösts Fotografien*, Göttingen: Steidl 2001.

beitragen würde, die jüngst gewonnenen Erkenntnisse zu diesem Thema zu erweitern.[117] Ich durchblättere diese entsetzlichen Photos: zum Himmel schreiende Aufnahmen. Der »Umschlagplatz«, während eine »Aussiedlungsaktion« von Juden nach Treblinka im Gange ist. Tote auf der Straße, wahrscheinlich von einem Militärfahrzeug aus aufgenommen. Leichen überall verstreut, auf jede Weise entstellt. Und was mag einen deutschen Soldaten dazu angeregt haben, eine leere Wiege nahe der Ghettomauer zu photographieren? Welchem Gefühl der visuell eingesetzten Macht entsprechen diese Straßenbilder, auf denen die Juden bloß den Hut ziehen (Zeichen dafür, dass der Photograph ein Deutscher war, denn jeder »Sklave« war damals verpflichtet, seinen »Herrn« respektvoll zu grüßen)?

Ich denke an die zahlreichen Polemiken, in Frankreich vor allem, über die Legitimität oder Illegitimität, visuelle Quellen der Shoah, zumal deutsche, zu verwenden.[118] Schleicht sich nicht unbemerkt bereits der »Nazi-Blickwinkel« ein, wenn man ein von der SS aufgenommenes Photo betrachtet? Janek Jagielski mit seinen achtzig Jahren und seiner großen Erfahrung scheint nicht dieser Ansicht: Den ganzen Tag vor den »himmelschreienden Bildern« seiner Sammlung, ist er ihnen gegenüber trotzdem frei in seiner Einschätzung. Warum bleiben die Photographien von Heinrich Jöst oder diejenigen in dem Bericht des SS-Generals Jürgen Stroop veritable Landmarken [*amers*] – Markierungen, um sich in der unendlichen Bitterkeit [*amertume*] dieser Zeit zu orientieren –, warum orientiert sich an ihnen immer noch unsere historische Wahrnehmung des Warschauer Ghettos? Weil es vorkommt, dass Bilder mächtiger sind als derjenige, der sie »aufgenommen« zu haben glaubt. Weil diese Bilder uns etwas ganz anderes zu zeigen wissen als das, was der

117 Vgl. Vivian Uria (Hg.), *Flashes of Memory. Photography during the Holocaust*, Jerusalem: Yad Vashem 2018.

118 Vgl. Georges Didi-Huberman, *Bilder trotz allem*, aus dem Französischen von Peter Geimer, München: Wilhelm Fink 2007.

Photograph selbst sah. Weil Bilder stets Zeugnis ablegen können gegen diejenigen, die sie gemacht haben.

Es liegt nur an uns, keine Angst vor dem Betrachten zu haben. Das ist möglich, wenn betrachten heißt: zu kritisieren wissen, was man sieht. Ich erinnere mich, dass ich am ersten Tag meines Besuchs im Jüdischen Historischen Institut äußerst beeindruckt war, einen Film zu sehen, den ich nicht kannte, einen 16-mm-Farbfilm aus dem Bundesarchiv Koblenz, der im Mai 1942 von den Deutschen im Ghetto gedreht worden war. Natürlich ist es ein Propagandafilm: Alles, was man sieht, hat vor dem Objektiv stattgefunden, doch alles, was man sieht und was stattgefunden hat, ist zuvor gefälscht, inszeniert, verzerrt, unterdrückt, ins Gegenteil verkehrt worden. Zum Beispiel sieht man auf der Hackbank einer Metzgerei große Stücke von rotem Fleisch – und es ist dieses Rot, dieses schöne Rot von Agfacolor, das mich zutiefst berührt hat (ich habe nicht gleich verstanden, warum). Es ist das Rot des Lebens, doch des geschlachteten Lebens. Es ist das Rot aus dem Inneren der Körper. Es ist das Fleisch, das die Juden nicht essen konnten, weil gerade im Mai 1942 Emanuel Ringelblum in seinem Tagebuch – das übrigens gewisse Details über die Dreharbeiten dieses Propagandafilms berichtet – an der Tatsache verzweifelt, dass die Organisation der Suppenküchen nicht verhindert, dass die Leute »sterben wie die Fliegen«.[119]

Eine Photographie, ganz wie das Photogramm eines Films, hält Kontakt und Distanz zugleich. Die Wörter »Klischee«, »Abzug«, »Probedruck« oder »Kontaktabzug« genügen als Hinweis, dass die photographische Sichtbarkeit zumindest im Rahmen der Analogphotographie auf so etwas wie *Ähnlichkeit durch Berührung* beruht.[120] Doch in dem

119 Emanuel Ringelblum, *Oneg Shabbat. Journal du ghetto de Varsovie*, a. a. O., S. 327, 329 und 341.

120 Georges Didi-Huberman, *Ähnlichkeit und Berührung. Archäologie, Anachronismus und Modernität des Abdrucks*, aus dem Französischen von Christoph Hollender, Köln: DuMont 1999.

Ausdruck »Aufnahme« [*prise de vue*], der auf eine Berührung hindeutet, liegt bereits die Verlängerung und Verwirklichung eines Blicks [*de vue*], der einen Abstand voraussetzt. Dasselbe Bild – ich denke zum Beispiel an das eines Kindes, das allein vor der Ghettomauer kauert – findet sich in den Papieren von *Oyneg Shabes* (das heißt geschützt in einem der Tresore des Archivs) und zugleich in dem photographischen Fundus, der später von Janek Jagielski geschaffen wurde (das heißt leicht zugänglich und manipulierbar). So verbreitet sich dieses Bild *von Abdruck zu Abdruck* dank der technischen Reproduzierbarkeit, die dem photographischen Medium innewohnt, es zerstiebt mit seiner Vervielfältigung. Es findet sich übrigens auch in anderen photographischen Sammlungen als der in Warschau, weshalb es berühmter geworden ist als andere (zum Beispiel wird es in dem Sammelband von Borwicz ausgehend von einem Abzug reproduziert, den das Centre de documentation juive contemporaine in Paris besitzt[121]). Dabei ist die visuelle Qualität des Abdrucks natürlich jeweils sehr unterschiedlich, so dass der Begriff des »Originals« in einem solchen Kontext oft jeden präzisen Sinn verliert.

Von Abdruck zu Abdruck reproduziert sich also die Berührung, zerstiebt und schafft ebendadurch einen Abstand. Von daher wird es absurd, in bezug auf ein und dasselbe Bild die Begriffe Kontakt und Distanz entknäueln zu wollen. Es ist zum Beispiel bezeichnend, dass die Buchedition des Ringelblum-Archivs bei Transkriptionen und für den kritischen Apparat photographische Reproduktionen von Manuskripten, sei's auch von bescheidener Qualität, heranziehen musste:[122] Es war eine Weise, *den Kontakt* mit dem Schreibakt der Zeugen *fortzusetzen*, also mit der Eile und

121 Michel Borwicz (Hg.), *L'Insurrection du ghetto de Varsovie*, a. a. O., Abb. 2 (nach S. 128).

122 Vgl. zum Beispiel *Archiwum Ringelbluma. Konspiracyjne Archivum Getta Warszawy*, Bd. I: *Listy o Zagładzie*, a. a. O., oder *Archiwum Ringelbluma. Konspiracyjne Archiwum Getta Warszawy*, Bd. III: *Relacje z Kresów*, a. a. O.

der emotionalen Erregung, die ihren letzten Worten an die Welt innewohnte. Nun heißt aber »Fortsetzung des Kontakts« nichts anderes, als eine neue *Distanz zu schaffen*, die ebenso notwendig und fruchtbar ist, wie der ursprüngliche Kontakt es war. Darum haben die Mitglieder von *Oyneg Shabes* nicht gezögert, bereits vorliegende photographische Abzüge ihrerseits zu photographieren und dabei Bilder zu erhalten, auf denen man am Rande – wie im Bilderatlas Aby Warburgs – die Reißzwecken sieht, die dazu gedient hatten, die Vorlage besser zu reproduzieren und ihr dadurch eine Überlebenschance zu bieten. Mit den Reißzwecken, die auf bestimmten Archivabzügen sichtbar sind, nimmt man also etwas von der Arbeit wahr, die ausgeführt werden musste, und sei es amateurhaft, um von Texten in Texten und von Bildern in Bildern Zeugnis geben zu können.

Das also wäre die Heuristik, die von der Mannschaft von *Oyneg Shabes* ohne jedes Zögern und ohne Bedenken gegenüber dem »Ursprung« der Bilder benutzt wurde. Verwenden wir nicht selbst Tag für Tag Bilder, die nur Photographien von Photographien sind? Und allgemeiner gesprochen, bringen wir nicht das, was uns »berührt«, dadurch zum Ausdruck, dass wir einen Abstand schaffen, jedoch so, dass wir ihm die Form einer verstreuten Berührung geben, die, offen für die Welt, sich von Zeit zu Zeit wiederholt: *verstreut und doch Berührung*? Sprach nicht der Philosoph Giorgio Colli vom Ausdruck [*expression*] generell als etwas, das aus dem Innersten hervortritt (vergleichbar der klebrigen Flüssigkeit, die die Spinne aus ihrem Inneren herausdrückt), um bald hierhin, bald dorthin Fäden zu ziehen, bis hin zum Denken selbst, der Voraussetzung für jede *Vorstellung* [*représentation*] (insoweit ähnlich dem wunderbaren Netz, das die Spinne aus ihren eigenen Eingeweiden zwischen zwei Bäumen webt[123])?

123 Giorgio Colli, *Filosofia de l'espressione*, Mailand: Adelphi 1969 (*Philosophie de l'expression*, ins Französische übersetzt von M.-J. Tramura, Montpellier: Éditions de l'Éclat 1988, S. 71).

In den nachgelassenen Heften seiner *Philosophie der Berührung* schrieb Giorgio Colli lapidar: »Das Wahre sagen heißt sagen, was sich von einer Berührung herleitet.«[124] Die Berührung wäre der Träger der Wahrheit, man muss sie nur noch präzise zum Denken »hinzuleiten« wissen. Darüber hinaus darf man die Berührung nicht als einen abstrakten Punkt denken, sondern als eine ethische Geste, die in ihrer Zerbrechlichkeit anerkannt wird: »eine Teilung zwischen zwei aneinandergrenzenden Punkten«, die sich demnach als die Öffnung eines »Zwischenraums«[125] konstituiert. Ein Abstand also. Eine Bewegung des »Herleitens« im Akt der Berührung selbst: ein Aufbruch zur Verstreuung.

124 Ders., *Philosophie du contact. Cahiers posthumes II* (1961–1977), herausgegeben von E. Colli, in Französische übersetzt von P. Farazzi, Paris: Éditions de l'Éclat 2000, S. 95.
125 Ebd., S. 39 f.

Zerstoben, die Wogen der Gefühle, die bei den Toten auf Abruf wie eine ständige Brandung kommen und gehen; Wogen, die sich teilen und wieder zusammenschlagen über der Angst und dem Lächeln, der Aussicht auf den baldigen Tod und der Möglichkeit, trotz allem mit Wörtern zu spielen.

Man kann in den photographischen Dokumenten von *Oyneg Shabes* eine sehr klare Trennungslinie ziehen zwischen den steifen Gruppenporträts des Judenrats, bei denen man spürt, dass eine privilegierte soziale Klasse – groteskerweise, denn auch sie wird sterben – ihren Stolz zur Schau trägt, und den Bildern von den kleinen Leuten, die die jüdische Polizei in Reih und Glied, in Gruppen oder dichten Massen aufzustellen sucht. Auf diesen letzteren Bildern geschieht etwas anderes: Der Photograph ist nie sehr weit entfernt, die Gesichter unterscheiden sich völlig, und die Leute zögern nicht, ins Objektiv zu blicken. Man sieht zum Beispiel, wie aus einer Gruppe von Männern einige lachend, ironisch oder gutmütig der Kamera einen Gruß senden. Auf einer Photographie, die ich aus ihrer Plastikhülle herausgenommen habe, ist deutlich eine Gruppe von Frauen zu erkennen, von denen jede – abgesehen von dem Erwartungsgefühl, das mit der Situation verbunden ist – einen besonderen Affekt auszudrücken scheint. Von dem einzigen jüdischen Polizisten, der auf diesem Bild zu sehen ist, sieht man nur den Rücken, als wäre er im Begriff, den Bildrahmen zu verlassen. Eine junge Frau mit Einkaufstasche, weißem Pulli und dunklem Mantel lächelt der Kamera zu. Man sieht sie auf einer anderen Photographie wieder, wo sie artig neben Adam Czerniaków posiert.[126]

Was bringt dieses Lächeln zum Ausdruck? Das Vertrauen zum Photographen, habe ich bereits angedeutet. Aber zweifellos auch ein gewisses Vertrauen gegenüber der »jüdischen Regierung« selbst, die Adam Czerniaków leitete. Liest man die schonungslosen Kommentare Bernard Goldsteins, begreift man, dass dieses Vertrauen eher auf große Arglosigkeit zurückging: »Die Leute saßen am Straßenrand oder standen herum mit ihren Bündeln auf dem Rücken und warteten. Kinder irrten weinend umher und riefen ›Papa! Mama!‹ Dann sah ich etwas Ungewöhnliches. Männer rasierten sich, wuschen und säuberten sich. Frauen benutzten den Lippenstift und legten Puder auf, sahen in den Handspiegel, kämmten ihr Haar und glätteten ihre Kleider. Sie taten ihr Bestes, um sich hübsch und anziehend für den Teufel zu machen. Am oberen Ende hatte die Auslese bereits begonnen. [...] Man musste gesund, adrett, arbeitsfähig und brauchbar aussehen«, um sich einbilden zu können, durch

126 Janek Jagielski zufolge datiert die Photographie vom 11. März 1942 und zeigt eine Gruppe von Frauen, die aus dem jüdischen Gefängnis freigelassen wurden, nachdem sie dort inhaftiert waren. Unter diesem Datum notiert Adam Czerniaków in seinem Notizbuch: »Um 3:30 entließ ich die 151 Häftlinge aus dem jüdischen Gefängnis. 5 von ihnen waren verstorben, 7 sind im Krankenhaus. Über 30 habe ich im Asyl untergebracht, der Rest ging nach Hause. Ich hielt eine Ansprache an die Häftlinge. Alle waren sehr ergriffen. Auf der Straße wartete eine Menschenmenge auf die Häftlinge.« *Das Tagebuch des Adam Czerniaków. Im Warschauer Ghetto 1939–1942*, a. a. O., S. 235.

irgendeine Arbeit dem Hunger im Ghetto zu entkommen. Was geht im Gehirn, in der Seele dieser Unglücklichen vor, die zwischen Leben und Tod schwanken, fragte sich Goldstein schließlich, dessen Aufrufe in den Flugblättern des *Bundes*, der Vernichtung entschlossen ins Auge zu sehen, ohne Wirkung auf die Ghettobevölkerung blieben.[127]

Wäre dieses Lächeln also gewissermaßen mehrschichtig, doppelbödig? Sollte es zwei Bedeutungen gleichzeitig enthalten, eine, die zum Leben strebt (Vertrauen in den anderen, in den anderen Juden), die andere zum Tod (Unbedarftheit gegenüber den Lügen der Nazis, die fatalerweise vom Judenrat weiterverbreitet wurden)? Mir kommt in den Sinn, dass Freud in seinem Buch über den *Witz* den Dichter Heinrich Heine zitiert: »Ihr Gesicht glich einem Codex palimpsestus«, hatte dieser geschrieben.[128] Betrachtet man die Photographien, die im Jüdischen Historischen Institut in Warschau aufbewahrt werden, könnte man leicht die Bestätigung dafür finden, dass viele Gesichter dort Palimpseste sind, so als verschwände die Schrift ihres gegenwärtigen Schicksals dauerhaft hinter ihrem hoffnungsvollen oder freundlichen Lächeln. Ebenso wie Hersh Wasser 1946 den Keller der Nowolipki-Straße inmitten eines Ozeans von Schutt suchte, ebenso wie heute Agnieszka Kajczyk im Untergrund der heutigen Warschauer Straßen die Topographie einer zerstörten Stadt sucht, müsste man die Archäologie eines jeden Lächelns, jedes photographierten Gesichts schreiben können, um seinen Namen, seine Stimme, seine Geschichte, seine Hoffnungen und Verzweiflungen

127 Bernard Goldstein, *»Die Sterne sind Zeugen!« Der bewaffnete Aufstand im Warschauer Ghetto*, a. a. O., S. 104, 80 f., 140.

128 Zitiert nach Sigmund Freud, *Der Witz und seine Beziehung zum Unbewußten* (1905), in: *Gesammelte Werke*, Bd. VI, London: Imago Publishing 1940, S. 93 [bei Heine geht der Satz weiter: »[…] Codex palimpsestus, wo unter der neuschwarzen Mönchsschrift eines Kirchenvatertextes die halb erloschenen Verse eines altgriechischen Liebesdichters hervorlauschen«. *A. d. Ü.*]

wiederzuentdecken. Tatsächlich gibt es einen »Suchdienst« am Jüdischen Historischen Institut von Warschau; seine Forscher versuchen, so gut sie können, das Geflecht der verwandtschaftlichen Beziehungen jedes einzelnen hinter den Überresten von Bildern, Grabsteinen oder in Verwaltungsdokumenten, die der Zerstörung entgangen sind, zu rekonstruieren.

Genau solches Material sollte nach Ringelblum den Grundstock seines Archivs ausmachen. So wie Aby Warburg 1902 »den unhörbaren Stimmen wieder Klangfarbe verleihen« wollte, indem er die Urkunden des Florentiner *Archivio* durchforstete,[129] machte Emanuel Ringelblum aus seiner Praxis als Historiker eine Suche nach Stimmen, Gesichtern, Singularitäten. Gesichtern? Gemeint sind – weit entfernt von allem, wonach die Polizei sucht, nämlich Gesichtszügen – ethische Möglichkeiten, die durch einen Blickwechsel eröffnet werden, eine Stimme, die zu jemandem spricht, eine einladende Geste, ein aufrichtiges oder anerkennendes Wort. All das ist ein Gesicht: jemand, der einen anblickt und zu einem spricht, jemand, der einem seine Tränen und sein Lachen anvertraut – seine Gefühle, gewiss, aber auch seinen *Geist*. Welchen Geist? Den Geist der großen Geister? Natürlich gab es im Warschauer Ghetto Professoren und Gelehrte, Rabbiner und Dichter, Künstler oder Historiker: Bis zum Ende versuchten sie ihren Mitmenschen Mut zu machen.

Doch in einer solchen historischen Situation muss man auch vom Geist der einfachen Leute sprechen: Für sie waren Bonmots, Scherze und Humor sehr oft wohltuend. Und nicht zuletzt darin liegt die Größe Ringelblums – sei's auch aus anthropologischem Interesse –, dass er selbst in einer

129 Aby Warburg, »Bildniskunst und florentinisches Bürgertum. Domenico Ghirlandaio in Santa Trinità. Die Bildnisse des Lorenzo de' Medici und seiner Angehörigen«, in: *Gesammelte Schriften*, Reprint der von Gertrud Bing unter Mitarbeit von Fritz Rougemont edierten Ausgabe von 1932, neu hg. von Horst Bredekamp, Berlin: Akademie-Verlag 1998, Abt. I, Bd. 1, S. 96.

alptraumhaften Zeit wie der des Warschauer Ghettos die Aperçus oder witzigen Geschichten gesammelt hat, die in der Bevölkerung umliefen. Ringelblum hatte zweifellos genau verstanden, was Freud in seinem Buch über den *Witz* aus dem Mechanismus, den der Witz mit dem Traum teilt, erschlossen hatte: Die psychische Bearbeitung, schrieb Freud, »macht [...] den Schritt vom Optativ zum Präsens, ersetzt das: ›O möchte doch‹ – durch ein: Es ist«,[130] das bildlich, humoristisch oder ironisch geäußert wird. So wird Ringelblum in seinem Tagebuch nicht zögern, von den grausamsten Tatsachen unmittelbar zu verzweifelten Bonmots und hoffnungsvollen Scherzen, die das Ghettovolk erfunden hatte, überzugehen.

Zum Beispiel, unter dem 23. November 1940: »Brot lässt sich nicht mehr auftreiben und kostet 4 złotys das Kilo; ebenso ist es mit dem Preis für Mehl und andere Produkte des täglichen Bedarfs. Die Läden haben sich geleert.« Und unmittelbar danach, nur durch einen Zeilenwechsel getrennt: »Der Herr des Universums hat einen Engel auf die Erde geschickt, um nachzusehen, was los ist. Wieder im Himmel, berichtet er: ›In Deutschland, Italien und Japan tragen alle Uniform und sprechen von Frieden. In England ist alle Welt in Zivil und diskutiert über den Krieg. In Polen gehen alle mit nackten Füßen und glauben an den Sieg‹ (die polnischen Juden sind überzeugt, dass bessere Zeiten kommen).« Am 20. Mai 1941 notiert Ringelblum, wie die Leute mit dem Namen Rudolf Hess kalauern: Anfangs ein *ness* (hebräisch »Wunder«), verwandelt er sich rasch in ein *mess* (»Leiche«), und die ganze Affäre wird *hesleche* (»hässlich«).[131]

Am 8. Mai 1942, während viele »sterben wie die Fliegen«, berichtet Ringelblum: »Man erzählt, Churchill habe den Rebbe von Ger zu sich eingeladen, um mit ihm zu beraten,

130 Sigmund Freud, *Der Witz und seine Beziehung zum Unbewußten*, a. a. O., S. 185.

131 Emanuel Ringelblum, *Oneg Shabbat. Journal du ghetto de Varsovie*, a. a. O., S. 168, 248.

wie Deutschland zu schlagen sei. Der Rebbe habe ihm folgende Antwort gegeben: ›Es gibt zwei Arten, zum Ziel zu kommen, eine natürliche und eine übernatürliche. Die natürliche bestünde darin, dass eine Million von Engeln mit flammendem Schwert über Deutschland herfällt und es niederwirft. Die übernatürliche würde bedeuten, dass eine Million britischer Fallschirmspringer über Deutschland abspringt und es zerstört.‹«[132] Selbst in den herzzerreißendsten Briefen, zum Beispiel während der Massenmassaker im Bezirk Hrubieszów, findet man diesen todtraurigen Humor in einem Wortspiel mit dem Namen des Ghettos von Grabowiec, von wo am 4. Juni 1942 einige Briefe nach Warschau abgesandt wurden: *grobowiec* bedeutet auf Polnisch den »Ort, wo man gräbt«, nämlich das Grab.[133]

Bis zum Ende den eigenen Geist nicht aufgeben, bis zum Ende ihn sprechen lassen. Vorstellen, überlegen, sich Fragen stellen, kritisieren, kommentieren: nicht aufhören, die Welt zu lesen. Ringelblum hat diese Haltung zweifellos geteilt; er hat sie sogar sowohl in seinem Unternehmen der Dokumentensammlung als auch beim Schreiben seines Tagebuchs bis zu einer unvergleichlichen Tiefe und Intensität vorangetrieben. Alles, was er um sich herum beobachtet, bildet dann buchstäblich eine Beschreibung dessen, was in ihm, was ihm geschieht. Ein Historiker liebt Bücher, das liegt auf der Hand. Schon zu Beginn seines Tagebuchs berichtet Ringelblum bedrückt von der Zerstörung und Plünderung der Bücher im Ghetto durch die Deutschen. Aus Entsetzen vernichten oder verstecken die Juden ihre Bücher selbst: »Schätze wertvoller Bücher und ebenso alter Zeitschriften sind zerstört worden, aus Furcht vor den neuen Zeiten. Ein gewisser Rozasj hat seine Bücher in einer Barrikade versteckt, für den Fall, dass sich die Situation

132 Ebd., S. 326 f.

133 *Archives Ringelblum. Archives clandestines du ghetto de Varsovie*, Bd. I: *Lettres sur l'anéantissement des Juifs de Pologne*, a. a. O., S. 172–174.

verschärft. Viel Material des *Yivo* [Institut für jiddische Forschung] ist in Flammen aufgegangen, ganze Bibliotheken sind angesteckt worden«, schreibt Ringelblum schon im Dezember 1939.[134]

Dann beginnen die Juden des Ghettos, ihre wertvollsten Bücher auf dem Gehsteig zu verhökern, um sich ein bisschen Brot zu kaufen. Und dennoch, notiert Ringelblum, war »während der Bombardierungen [von 1939] die einzige Abteilung der [Polnischen National-]Bibliothek, die geöffnet blieb, die Abteilung der *Judaica*. Etwa dreißig Personen, darunter ungefähr 25 Juden, besuchten den Lesesaal ungeachtet all der Gefahren, denen sie sich aussetzen mussten, um sich einen Weg zur Bibliothek zu bahnen.«[135] Als es keine Bücher mehr zu kaufen oder zu konsultieren gibt, beginnt man fieberhaft, selbst welche zu schreiben: »Er ist verrückt geworden. Der alte Professor verfasst seine Memoiren. [...] Das Bedürfnis, Memoiren zu schreiben, ist so lebhaft, dass selbst sehr junge Burschen, die in Arbeitslagern interniert sind, welche verfassen.«[136]

Erstaunliche Formbarkeit des Geistes: bei jeder neuen Terrorsituation eine neue Erfindung von Gesten, Bildern, Sprachen, Liedern. Als im Januar 1942 die Deutschen ihr »Pelzdekret« erlassen – das alle Juden des Ghettos verpflichtet, ihre Pelzmäntel, Muffs oder Pelzkragen bis hin zu den Mützen der Kinder abzuliefern, um alles für die Wehrmachtssoldaten wiederzuverwerten, die dem russischen Winter trotzen mussten –, zählt Ringelblum einen ganzen Fächer von Reaktionen auf, der vom Gehorsam (denn auf Missachtung dieses Dekrets stand die Todesstrafe) bis hin zu der Entscheidung reicht, die eigenen Pelze zu vernichten, »damit sie nicht dem Feind in die Hände fallen«; doch er notiert auch, wie »diese Pelzaffäre ebenso eine reiche Folklore

134 Emanuel Ringelblum, *Oneg Shabbat. Journal du ghetto de Varsovie*, a. a. O., S. 34.
135 Ebd., S. 155.
136 Ebd., S. 53, 202.

von Witzen oder Straßenliedern entstehen ließ«.[137] Viele Seiten seines Tagebuchs – neben den für *Oyneg Shabes* gesammelten Dokumenten – wird Ringelblum der »Kulturarbeit im Ghetto«[138] widmen: heimlicher Unterricht, jiddisches Theater, Konzerte, wissenschaftliche Konferenzen etc.

Der Monat Juni 1942 bezeichnet schließlich eine entscheidende Phase, in der Ringelblum schreibt: »Unser Leben und unser Tod hängen nur noch von der Zeit ab, über die sie verfügen. Wenn sie noch viel Zeit haben, dann sind wir verloren.« Trotzdem wollte er sich zur gleichen Zeit die Frage stellen: »Was liest das Ghetto?«[139] Er selbst versuchte damals – inmitten höchster Gefahr –, sich in »das große Buch von [Maxence] Van der Meersch« über die deutsche Invasion 1914 in Nordfrankreich zu versenken.[140] Dieses Detail ist wichtig: Es zeigt, inwiefern die Offenheit für komparatistische Perspektiven für die Bildung des Historikers unentbehrlich war. Die Geschichte der anderen wird nie aufhören, uns etwas über die unsere zu lehren, wie brisant und singulär sie auch sei. Heute müssen wir Emanuel Ringelblum wieder lesen, um vielleicht zu verstehen, was zu anderen Zeiten und an anderen Orten geschieht.

137 Ebd., S. 307–309.
138 Ebd., S. 252.
139 Ebd., S. 355.
140 Ebd., S. 356.

Zerstoben, die politischen Verwerfungen, Differenzen und Divergenzen, die in ein und demselben Volk aufkommen, auch wenn es als Ganzes bedroht ist, als wären es ganz verschiedene Ufer, gegen die ein und derselbe Sturm peitscht.

Zu einem bestimmten Zeitpunkt unserer Diskussion über die Bilder von *Oyneg Shabes*, die wir in dem kleinen Zimmer des Ringelblum-Archivs geführt haben, habe ich ein Photo aus seiner Hülle herausgenommen, um es besser betrachten zu können. Man sieht darauf, wie der Schmuggel von Lebensmitteln über die Ghettomauer ablief: wie sich einige Juden mit der Situation, *mit dem Rücken an der Wand* zu stehen, nicht abfinden wollten, sondern unter Einsatz ihres Lebens versuchten, die Mauer zu überwinden und *abzuhauen* (*faire le mur*, wie der französische Ausdruck so treffend lautet). Zufällig zeigt das Bild, das sich genau darunter befindet, einen jüdischen Polizisten, der vor Adam Czerniaków strammsteht – der, augenscheinlich von einigen höheren Offizieren umgeben, trotz seines Status als »Präsident« die demütigende Armbinde trägt. So reißt zwischen diesen zwei Bildern eine schroffe politische Kluft auf. Eine fundamentale Unstimmigkeit. Und so treten innerhalb derselben bedrohten Welt – des Ghettos selbst und all dessen, was darin lebt – zwei Welten miteinander in Konflikt.

Diese konflikthafte Realität verschärft natürlich die allgemeine Tragödie. Manche glaubten die Nazigewalt durch Verhandlungen und Abmachungen aller Art verzögern oder mildern zu können. Andere meinen dagegen, dadurch werde die Vernichtungsmaschinerie der Nazis nur noch reibungsloser funktionieren. Emanuel Ringelblum gehörte zu letzteren. Schon im Dezember 1939 stellte er fest, dass »manche in die Illegalität abtauchen, sich verstecken und [dass] man sie nicht mehr sieht«, und kam bald darauf im März 1940 zu der Einschätzung, dass »ein Jude nur in der Illegalität leben« könne und dass »keine Möglichkeit besteh[e], gesetzeskonform zu leben«.[141] So beschrieb er etwa die beiden Möglichkeiten, Fleisch ins Ghetto zu schmuggeln, »indem man entweder lebendes Vieh einschleust oder das Fleisch bereits rituell geschächteter Tiere importiert. Pferde werden lebend eingeführt, indem man ein Gespann mit zwei Pferden ins Ghetto hinein- und mit einem Pferd wieder hinausfahren lässt.[142]

Ringelblum beschreibt auch die Codes, die bei Telefonaten zwischen dem Ghetto und der »arischen Zone« benutzt wurden, um den Warenverkehr über die Mauer zu organisieren: »Zum Beispiel bedeutet *A*, dass die Waren um fünf Uhr auf den Weg gebracht werden können. *B* heißt, dass der Weg nicht frei ist.«[143] Noch im Oktober 1942 stellt er eine Liste zu der entscheidenden Frage möglicher Verstecke auf: »1) in den Wohnungen, 2) den Speichern, 3) den Kellern und den Trümmern. Doppelwandige Mauern, zugemauerte Nischen, verborgene Speicher, mit den Wänden verbundene

141 Ebd., S. 38, 93.
142 Ebd., S. 297.
143 Ebd., S. 313.

und verdeckte Schränke, Hinterzimmer und von außen verschlossene Gewölbe …«[144] »Jeder«, notiert er am 14. Dezember 1942, »richtet jetzt Verstecke ein. Sie werden überall gebaut […]. Das ist regelrecht zu einer besonderen Profession geworden, die sich entwickelt und gedeiht.«[145] Und nennt dann zwei Seiten weiter ein erschreckendes Detail: »In 90 % der Fälle sind es jüdische Polizisten, die die Verstecke entdeckt haben.«[146]

Ringelblum war ein realistischer Historiker: Er sah genau, dass mit dieser großen existentiellen, sozialen und politischen Kluft, die sich zwischen Legalität und Illegalität auftat (zwischen polizeilichen Handlungen, deren Rechtmäßigkeit auf den von den Nazis aufgezwungenen Vorschriften beruhte, und gesetzwidrigen Handlungen, deren Legitimität im schieren Überlebenswillen lag), die gesamte Ghettobevölkerung – das »jüdische Volk« als solches – in einen Zustand innerer Zerrissenheit geriet, und zwar genau in dem Augenblick, in dem es von seiner vollständigen Vernichtung bedroht war. Bei der Beobachtung des Verhaltens seiner Mitmenschen kommt Ringelblum in seinem Tagebuch oft auf »die Obszönität, die Unanständigkeit der Reichen«[147] zu sprechen. Er notiert, dass »sich die Konvertiten abstoßend verhalten«.[148] Er hält fest, wie »der moralische Verfall des Ghettos sich von Tag zu Tag verschlimmert«, was sich nicht zufällig im sexuellen Verhalten, in der Beziehung zum Geld und zum Tod äußert. Vor allem die Sterbenden und die Leichen »berühren fast nicht mehr«: »Eine Gleichgültigkeit gegenüber dem Tod, ebenso auffällig wie bemerkenswert, hat sich entwickelt.«[149] Man begräbt die Leichen auf die Schnelle in Leichentüchern aus Papier,

144 Ebd., S. 370.
145 Ebd., S. 402.
146 Ebd., S. 404.
147 Ebd., S. 133.
148 Ebd., S. 210.
149 Ebd., S. 200, 263 und 346 f.

die dann nachts von Plünderern wieder eingesammelt werden, um damit einen schäbigen Handel zu betreiben, und manchmal werden den Toten die Goldzähne ausgerissen.[150]

Doch Emanuel Ringelblum ist *auch* ein marxistischer Historiker: Als solcher erkannte er sehr wohl, dass all das zunächst einmal die Folge bestimmter politischer Entscheidungen – oder Kräfteverhältnisse – war. »Die Demoralisierung der jüdischen Straße«, schreibt er zwischen dem 6. und 11. Mai 1941, »hat abscheuliche Formen angenommen. [...] All das verbunden mit der politischen Situation.«[151] Er beschreibt dann, jenseits der Differenzen zwischen den zahlreichen politischen Strömungen, den »Hass auf die Polizei« unter der Bevölkerung.[152] Als marxistischer Historiker scheut er sich nicht – trotz der Tatsache, dass die jüdische Bevölkerung unterschiedslos von den Nazis bedroht ist, was er nicht verkennt –, in dem politischen Geschehen innerhalb des Ghettos einen »Klassenkampf« zu sehen. Er zeigt sich angewidert von den schreienden Ungleichheiten, dem Nebeneinander von größtem Elend und einer bourgeoisen Arroganz, die sich, sehr zu Unrecht, der Beständigkeit ihrer Privilegien sicher ist. Nach einer großartigen Beschreibung des »Handels mit Büchern« – die ironisch und liebevoll mit dem Satz endet: »Ein Büchermensch bleibt nun mal ein Büchermensch« – widmet Ringelblum im Januar 1942 einige schonungslose Absätze dem »Klassencharakter der *kehillah*«: ein hebräisches Wort, das die traditionelle jüdische Gemeinschaft oder die Versammlung der Gläubigen in der Synagoge bezeichnet, das Ringelblum hier aber, kaum wohlwollend, für den Judenrat verwendet.[153]

Um das Unternehmen von *Oyneg Shabes* zu verstehen, darf man nie aus dem Auge verlieren, dass es durch und durch klandestin war: verborgen vor dem Judenrat wie vor

150 Ebd., S. 246, 279 und 281.
151 Ebd., S. 242.
152 Ebd., S. 388–391.
153 Ebd., S. 311–313.

den Nazibehörden. Dadurch wird das Ringelblum-Archiv zu einem paradoxen Schatz, einem Schatz von *Paria-Papieren*, Zeugnissen für ein Überleben, das nicht das von den Notabeln der jüdischen Gemeinschaft vorgesehene Spiel mitspielte. Raul Hilberg hat in seinem monumentalen Werk über *Die Vernichtung der europäischen Juden* daran erinnert, dass »aufgrund einer Generalgouvernements-Verordnung vom 28. November 1939 [...] alle jüdischen Gemeinden bis zu 10.000 Mitgliedern einen 12köpfigen, alle Gemeinden mit mehr als 10.000 Mitgliedern einen 24köpfigen Judenrat zu wählen [hatten]. Die Verordnung wurde zu einem Zeitpunkt erlassen, als bereits zahlreiche derartige Räte existierten; ihre Verabschiedung bedeutete jedoch eine Festschreibung der staatlichen Oberaufsicht über die Räte sowie eine Unterstreichung ihres Charakters als öffentliche Einrichtungen. [...] Wie im Reich setzten sich die Judenräte auch in Polen aus jüdischen Führern der Vorkriegszeit zusammen, aus Männern also, die bereits den jüdischen Gemeinderäten zur Zeit der polnischen Republik angehört, die als Vertreter jüdischer politischer Parteien in Stadträten gesessen oder die Posten in jüdischen religiösen Organisationen oder Wohlfahrtsverbänden innegehabt hatten. In der Regel wurde der letzte frei gewählte Ratsvorsitzende (oder, falls dieser nicht zur Verfügung stand, sein Stellvertreter oder irgendein anderes williges Ratsmitglied) von einem Einsatzgruppenoffizier oder einem Beamten der neuen Zivilverwaltung vorgeladen und aufgefordert, einen Judenrat zu bilden. Zumeist beschränkte sich die Ernennung der neuen Ratsmannschaft auf zahlreiche Übernahmen und einige wenige Neuberufungen. In Warschau und Lublin beispielsweise wurden die meisten der alten Ratsmitglieder in den neuen Rat übernommen.«[154]

154 Raul Hilberg, *Die Vernichtung der europäischen Juden. Die Gesamtgeschichte des Holocaust*, aus dem Amerikanischen von Christian Seeger, Harry Maòr, Walle Bengs und Wilfried Sczepan, Berlin: Olle & Wolter

Wie man weiß, erhob sich ein Sturm, als Hannah Arendts politische Kritik an den Judenräten in ihrem Buch *Eichmann in Jerusalem* erschien. Dieser Sturm hat sich übrigens keineswegs gelegt. Denn eine solche Kritik berührte einen neuralgischen Punkt – oder eine zentrale Wunde – dessen, was unter »jüdischem Volk« zu verstehen ist. Indem sie ihr schreckliches Urteil über die Rolle der Judenräte während des Vernichtungsprozesses äußerte – ein Urteil, von dem sie in der zweiten Ausgabe von 1966 nur einige Passagen überarbeitete, die ihre Zeitgenossen so sehr verletzt hatten, Gershom Scholem insbesondere –, unterstrich Hannah Arendt unabhängig von einem marxistischen Standpunkt letztlich nur den politischen Bruch zwischen der Ghettobevölkerung und ihren Führern, diesen von den Deutschen angeworbenen Notabeln, die glaubten, durch »Verhandlungen« irgend etwas retten zu können. »Ich möchte nochmals den Unterschied betonen in der Beurteilung der Judenräte auf der einen Seite und der Masse des jüdischen Volkes auf der anderen Seite«, schrieb sie zum Beispiel am 14. September 1963 in einer Antwort an Gershom Scholem.[155]

Die furchtbare Realität ist, dass sie am Ende alle massakriert wurden. Arendt sprach 1963 ihr Urteil über Tote, Adam Cerniaków zum Beispiel. Eine philosophisch, historisch und politisch notwendige Geste; doch eine äußerst blasphemische Geste, vor allem wenn man die theologisch-politische Entscheidung der offiziellen jüdischen Instanzen nach dem Krieg kennt, alle Juden, die zwischen 1939 und 1945 starben, unter das Zeichen des *Kiddush hashem*, der »Heiligung des Namens«, zu stellen: eine gedächtnispolitische Entscheidung, bei der es natürlich darum ging,

1982, S. 157. Vgl. I. Trunk, *Judenrat. The Jewish Councils in Eastern Europe und Nazi Occupation*, New York-London: Collier-MacMillan 1972.

155 Hannah Arendt, Gershom Scholem, *Der Briefwechsel*, herausgegeben von Marie Luise Knott, Berlin: Jüdischer Verlag im Suhrkamp Verlag 2010, S. 458. Friedrich A. Krummacher (Red.), *Die Kontroverse. Hannah Arendt, Eichmann und die Juden*, München: Nymphenburger 1964.

im Tode ein Volk wiederzuvereinen, das zwar tatsächlich durch die Feindseligkeit seiner Verfolger geeint, in der historischen Realität seiner Marter – in deren alltäglichen existentiellen, sozialen und politischen Manifestationen – jedoch gespalten war durch innere Konflikte, die mit der Herrschaft der »Honoratioren« der Judenräte, die Arendt als das »Establishment« bezeichnet, über den Rest des »Volkes« einhergingen.

Ich selbst verwende in diesen Zeilen für das Substantiv *Juif*, Jude, die Anfangsmajuskel, während ich das Wort lange Zeit mit Kleinbuchstaben geschrieben habe. Die letztere Schreibung denotiert im französischen Sprachgebrauch die Zugehörigkeit zu einer Religion: Man sagt *un juif* (»ein Jude«), wie man *un musulman* (»ein Muslim«) oder *un chrétien* (»ein Christ«) sagt. Der Großbuchstabe denotiert hingegen die Zugehörigkeit zu einem Volk – und wie könnte man bezweifeln, dass es in den Mauern des Warschauer Ghettos ein ganzes Volk war, ob religiös oder nicht, das versuchte, seine programmierte Vernichtung zu überleben? Doch die Vorstellung, dass dieses Volk im Leid oder im Kampf gegen den Unterdrücker einig war, diese Vorstellung ist leider trügerisch. Das Paradox liegt in der Tatsache, dass dieses Volk zwar im Tode vereint, doch im Leben verstreut war: vielgestaltig, von Breschen, Rissen, Konflikten durchzogen. Das ist es, was Hannah Arendt unterstreichen wollte. Wenn wir auf die Texte Ringelblums oder auf das Archiv von *Oyneg Shabes* zurückkommen, so ist man mit dieser Geschichte im Moment ihres Geschehens konfrontiert und stellt dann fest, dass Ringelblum aus seiner Erfahrung im Herzen der Tragödie Ausdrücke für den Judenrat gewählt hat, die noch viel härter sind als diejenigen Arendts: So zögert er nicht, in seinem Tagebuch von der jüdischen Polizei als »Gangsterpolizei« oder von einer Meute »jüdischer Gestapo-Agenten« zu sprechen.[156]

156 Emanuel Ringelblum, *Oneg Shabbat. Journal du ghetto de Varsovie*, a. a. O., S. 331 f. und 339.

Jedes Archiv vereint und verstreut zugleich. Dasjenige Ringelblums vereint mit seinen zahllosen Dokumenten das eingeschlossene jüdische Volk von Warschau und verstreut zugleich *die jüdischen Völker* des Ghettos, indem es ohne Furcht davor, alles zu verkomplizieren, die Disharmonien präzise dokumentiert. Und nimmt dabei Stellung. Deshalb lassen sich die Papiere dieses Archivs als »Dokumente des Konflikts« betrachten, aber auch als »Dokumente der Herausforderung«: Ihre bloße Existenz war eine unbedingte Zuwiderhandlung gegen die externen wie internen Regeln der Ghettoregierung. Es ist, als ob die *Verzweiflung*, ebenso aber das *Verlangen*, sich zu widersetzen, die Existenz zu so etwas wie einem *Verstreutwerden* öffnete. So notierte Ringelblum am 6. März 1940 in seinem Tagebuch: »Sie [die Einsatzgruppen] erschossen drei Personen mit einer einzigen Kugel. In Parczew gab es zahlreiche, die sich umbringen wollten. Sie zerstieben auf der Straße, um sich zu widersetzen, angesichts der Tatsache, dass die Wächter nur dreizehn an der Zahl waren.«[157]

Und so wurde das Archiv, das als Dokumentation konzipiert war, zunehmend zu jenem verstreuten Ensemble von *Papieren der Revolte*: Papieren, die nicht nur bestimmte Handlungen des Widerstands bezeugen sollten, sondern auch dazu dienten, sich selbst auf der Höhe solcher Handlungen zu halten. Um den 10. Oktober 1940 herum überlegte Emanuel Ringelblum, welche potentiellen Kräfte eines Widerstands gegen die von den Nazis aufgezwungene und vom Judenrat mitgetragene Situation es gab. Er stellte sich die Frage nach den politischen Tendenzen bestimmter Gruppen, darunter auch einer kommunistischen, die sich *Spartacus* getauft hatte.[158] Ende August 1941 zeigt er sich bestürzt über das Schweigen und die Resignation der »jüdischen Massen«, die er den Lügen der Nazis, dem Vertrauen

157 Ebd., S. 75.
158 Ebd., S. 139 f.

auf den Judenrat, der Furcht vor Repressalien und vor allem dem Fehlen einer politischen Organisation, die diesen Namen verdienen würde, zuschreibt.[159]

Später, am 15. Oktober 1942, wird er sich angstvoll fragen: »*Warum*? – Warum hat man nicht Widerstand geleistet, als die [Zwangs-]Evakuierung von 300.000 Warschauer Juden in Gang gesetzt wurde? Warum hat man sich wie Schafe zur Schlachtbank führen lassen? Warum war es so leicht für den Feind, so reibungslos [seine Ziele zu erreichen]? Warum hat es auf seiten der Henker kein einziges Opfer gegeben? Warum ist es fünfzig SS-Mitgliedern (manche behaupten, dass ihre Zahl noch niedriger lag), unterstützt von einer Abteilung von 200 Ukrainern und Letten [Helfern der SS], gelungen, [dieses Projekt] auszuführen, ohne dass es Friktionen gab?«[160] Dieses *Warum?* und dieses *Wie?* eröffnen hier eine abgründige, verzweifelte Frage, die als die – zweifellos ungedachte – Wiederaufnahme der obsessiven anklägerischen Frage *ekha* darstellt, bezeichnenderweise das erste Wort der Totenklagen.[161]

Bald darauf wollte Emanuel Ringelblum den Sprung von der Formulierung der Frage zur Verbreitung des Aufrufs wagen: des Aufrufs zur Revolte. Samuel Kassow berichtet, wie der Historiker sich zunehmend dem jungen Mordecai Anielewicz annäherte, mit dem er 1939 Gelegenheit hatte, Bücher zu tauschen und einige Diskussionen über Geschichte und Ökonomie zu führen. Anielewicz, der den Aufstand des Ghettos 1943 leiten und im Alter von vierundzwanzig Jahren sterben sollte, vertrat von Anfang an den Gedanken, dass einzig der bewaffnete Widerstand die angemessene Antwort auf die Situation der Juden im Angesicht der Nazi-Vernichtungsmaschine wäre. Wenn Ringelblum über den jungen Mann schreibt, lässt er eine gewisse Zer-

159 Ebd., S. 266 f.
160 Ebd., S. 369.
161 Gershom Scholem, »Über Klage und Klagelied«, in: *Tagebücher nebst Aufsätzen und Entwürfen bis 1923*, 2. Halbband, a. a. O., S. 132.

knirschung über das kontroverse Verhältnis – noch eines – zwischen den jungen Leuten, die entschlossen waren, mit der Waffe in der Hand zu kämpfen, und den »reifen« Männern des Ghettos erkennen: »Unser Genosse Mordecai beging einen zweiten Fehler, der sich bitter an der Geschichte der Warschauer Juden und der polnischen Juden rächte. [Die Jugend] gab zuviel auf die Meinungen der Erwachsenen – der Erfahrenen, der klug Gewordenen, derer, die abwogen und überlegten und tausend wohlbegründete Argumente zur Hand hatten, die gegen einen Kampf gegen den Besatzer sprachen. Eine paradoxe Situation entstand: Die Generation der Erwachsenen, die ihr halbes Leben schon hinter sich hatte, sorgte sich, dachte nach und redete darüber, wie sie den Krieg überleben könne. Die Erwachsenen träumten vom Leben. Die Jungen – das Beste, Schönste und Edelste des jüdischen Volkes – redeten und träumten nur von einem ehrenhaften Tod. Sie dachten nicht darüber nach, wie sie den Krieg überleben könnten, sie besorgten sich keine ›arischen‹ Papiere, keine Wohnungen auf der anderen Seite. Sie wollten nur einen möglichst ehrenhaften Tod, wie er einem zweitausend Jahre alten Volk gebührt.«[162]

Es ist unter diesen Bedingungen nicht überraschend, dass einer der letzten Texte des Tagebuchs von Emanuel Ringelblum eine Eloge auf die jungen Widerständler war: »*Widerstand.* – Der Jude des Kleinen Ghettos, der einem Deutschen an die Gurgel ging. Der andere schoss, wurde tollwütig und streckte dreizehn Juden nieder (Pańska- oder Twarda-Straße). – Der Jude der Nalewki-Straße, der einem Ukrainer das Gewehr entriss und flüchtete. / Die Rolle der Jugend. Die einzigen, die auf dem Schlachtfeld geblieben sind, Romantiker, Träumer. [...] Junge Leute, Partisanen, Sabotageakte.«[163] Auch wenn Ringelblum selbst niemals zur

162 Zitiert nach Samuel D. Kassow, *Ringelblums Vermächtnis*, a. a. O., S. 581.

163 Emanuel Ringelblum, *Oneg Shabbat*, a. a. O., S. 365.

Waffe gegriffen hat – obwohl er manches Mal sein Leben riskiert hat, um viele seiner Mitmenschen zu retten –, kann man sagen, dass sein ganzes historisches Unternehmen, sein Papierunternehmen, als ein bemerkenswerter Akt des Widerstands und als Kampfansage verstanden werden muss, so sehr, dass Ruta Sakowska von einem »posthumen intellektuellen Sieg« sprechen konnte, den er über die von den Nazis orchestrierte Lüge und Vernichtung davongetragen hat.[164]

Oyneg Shabes könnte gewiss als ein bescheidenes – doch wie schwieriges und riskantes! – Unternehmen betrachtet werden, historisches Wissen auf eine Sammlung vielfältiger Dokumente zu stützen. Doch das Wissen ist gleich demjenigen, der es sammelt, produziert und vermittelt: es lässt sich überwältigen oder will überwältigen. Oder es empört sich und will, dass wir uns empören. Die Geschichte ist, wie Enzo Traverso gesagt hat, nicht nur der Bericht der von den Menschen geführten Schlachten; sie ist auch das Schlachtfeld selbst.[165] Wie steht es heute damit? Europa befindet sich nicht mehr im Krieg, doch der Krieg setzt seine Verwüstungen in anderen Gegenden fort. Europa befindet sich nicht mehr im Krieg, doch es sieht sich nicht imstande, die Flüchtlinge des Krieges aufzunehmen. Sein Gedächtnis lässt es ständig im Stich. Ohne Zweifel, weil *sein Gedächtnis*, ohne dass ihm das richtig klar wäre, *sich im Krieg befindet*.

Gerade hier in Warschau, zwischen den Überresten der Ghettomauer und den großspurigen Geschäftshochhäusern, zwischen den jungen Antifa-Studenten, denen ich auf einer Konferenz begegne, und den freiheitstötenden Gesetzesvorhaben der gegenwärtigen Regierung, fühle ich

164 Ruta Sakowska, »Introduction«, in: *Archives Ringelblum. Archives clandestines du ghetto de Varsovie*, Bd. I: *Lettres sur l'anéantissement des Juifs de Pologne*, a. a. O., S. 43.

165 Enzo Traverso, *Geschichte als Schlachtfeld. Zur Interpretation der Gewalt im 20. Jahrhundert*, übersetzt von Paul B. Kleiser und Ulla Varchmin, Münster: ISP 2014.

deutlich, dass das Gedächtnis, hier wie anderswo, ein großes Schlachtfeld ist. Die Kürze meines Aufenthalts erlaubt es mir nicht, die Inhalte, Ausmaße oder genaue Intensität dieser Schlacht zu ermessen. Doch ich spüre, dass sich rings um mich herum Breschen und Brüche im Gedächtnis auftun. Im Moment sehe ich, was den Gegenstand meines Besuches angeht, die strukturelle Kluft, die etwa zwischen dem Ringelblum-Archiv und dem *Polin* besteht, jenem weitläufigen und ganz neuen Museum für die Geschichte der polnischen Juden, das gegenüber dem alten heroischen und mächtigen Denkmal von 1948 – in jener Zone des Ghettos, die damals noch nichts weiter als ein riesiges Schuttfeld war – erbaut wurde.[166] Das Archiv empfängt seinen Besucher mit einem Fußboden, der noch von der Sprengung der Synagoge durch die Nazis versehrt ist; das Museum empfängt seinen Betrachter gleichsam auf einem spielerischen und postmodernen Parcours. Das Archiv schweigt, auch wenn es Tausende von Zeugnissen birgt, deren Schreie darauf warten, auf kleinen Papierstückchen gelesen oder auf Bilddokumenten geduldig erforscht zu werden; das Museum ist geschwätzig wie jemand, der allzu lange geschwiegen hat und Ihnen plötzlich alles zugleich sagen möchte, derart, dass Tausende fixer und bewegter, visueller und klanglicher Bilder sich über Tausende von Texten lagern, bis schließlich alles in einem Amalgam praktisch unlesbar und unsichtbar wird. Jenes Archiv ist ein Ort der kritischen Arbeit, dieses Museum ein Ort der »teilnehmenden« Zerstreuung. Das Archiv bewahrt wenig spektakuläre Objekte auf – hauptsächlich Papierblätter –, die aus den Kellergewölben des Ghettos selbst stammen; dieses Museum stellt zahllose Artefakte aus wie etwa einen Sessel im Stil des 18. Jahrhunderts aus Plexiglas, eine Bibliotheksattrappe, eine Mauer

166 Vgl. M. Sołys und K. Jaszczyński (Hg.), *1947: The Colors of Ruins. The Reconstruction of Warsaw and Poland in the Photography of Henry N. Cobb*, Warschau: Dom Spotkań z Historia 2012 (Aufl. 2013), S. 75.

von Videomonitoren und sogar den Nachbau einer Warschauer Straße. Im Museum verbringt man eine angenehme Zeit und vergisst ziemlich rasch die meisten der Bilder und Texte, so sehr überlagert sich alles. In dem Archiv muss man sich einfach Zeit nehmen. Die Zeit, wohlgemerkt, unermüdlich unser Denken der geschichtlichen Zeit zu konstruieren und zu rekonstruieren.

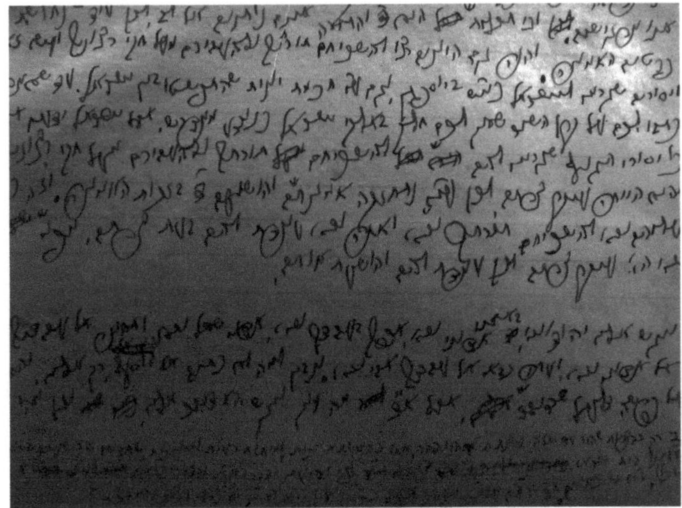

Zerstoben, die Arkana der Tradition. Eines Tages gab ihr jemand eine unerhörte Wendung, zweifellos weil die Gefahr selbst auf unerhörte Weise herrschte. Die von Verrat reden möchten, sehen nicht, dass sich soeben eine neue Wahrheit der Zeit ausformuliert hat, dass es die Tradition selbst ist, die aus der Heimlichkeit ihres Verstecks, ihres Schreins (arca)*, neu geboren wird. Und doch könnten die armseligen Papiere, die darin angehäuft sind, unsere heiligsten Papiere werden, gleichsam neue Schriftrollen vom Toten Meer. Und der Schrein – wäre er auch aus verrostetem Weißblech, mit Schimmel überzogen – wäre dann so etwas wie eine neue Bundeslade: aus den gesammelten Tränen auf durchfeuchteten Papieren ein wiedergefundener Bund mit der Geschichte selbst, der Geschichte der jüdischen Völker.*

Wenn sie ihn nur genauer identifiziert hätten – doch als sie ihn im März 1944 zuerst folterten, dann ermordeten, wussten sie nicht, wie sehr er ihr Feind war –, hätten die Nazis in Emanuel Ringelblum die radikalste Verkörperung all dessen wiedererkannt, was sie so sehr verabscheuten, dass sie sich davor fürchteten: die Figur des »jüdisch-bolschewistischen Intellektuellen«. Intellektueller, Jude und Marxist zugleich, was gab es Gefährlicheres für die Tyrannen dieser Zeit? Was aber war für einen selbst schwieriger in einem dialektischen Gleichgewicht zu halten? Als marxistischer Historiker betrachtete er die Erscheinungen des Glaubens gewiss mit Zurückhaltung. Er wusste, dass Vertrauensseligkeit und Leichtgläubigkeit wesentlich zu einer Situation gehörten, die so heftig von Angst beherrscht war: »Was gibt es Neues? Man wird krank davon, wenn man nur daran denkt«, schreibt er im April 1940 in sein Tagebuch. »Die Atmosphäre in der Stadt ist entsetzlich. [...] Die Unruhe der Bevölkerung ist unbeschreiblich. Die Leute scheinen völlig den Kopf verloren zu haben.«[167]

Zwischen Angst und Leichtgläubigkeit hin- und hergerissen, überlässt sich die Ghettobevölkerung also einem ganzen Bündel von gläubigen und abergläubischen Vorstellungen, die Ringelblum mit ebensoviel soziologischer Präzision wie mit moralischer Bedrückung beobachtet: Je entfesselter die Einbildung, desto mehr fehlt es an politischer Einsicht – die dann keinen möglichen Trost verheißt. Im März 1940 »wurde in der Pańska-Straße ein Kind geboren – so erzählt man sich [jedenfalls] –, das sofort zu sprechen begann. Es behauptete, dass zu *Rosh Hachanah* [dem jüdischen Neujahr, also im folgenden September] die Erlösung für die Juden käme, und starb bald darauf.«[168] Als die Dynamitladungen, die von den Deutschen benutzt wurden, nicht mehr Wirkung hatten, als Löcher in die Mauer der alten Synagoge von Tarńow zu schlagen, ohne sie vollständig zum Einsturz zu bringen, »erkannten die Juden darin das Zeichen der göttlichen Macht«.[169]

Gerüchte zirkulieren im Ghetto überall und jederzeit. Die Stimmung ist verständlicherweise paranoid. Im Dezember

167 Emanuel Ringelblum, *Oneg Shabbat. Journal du ghetto de Varsovie*, a.a.O., S. 104, 275.
168 Ebd., S. 92.
169 Ebd., S. 162.

1940 »machen zahlreiche Voraussagen die Runde über die Zukunft und den Sieg«; im Mai 1941 »verbreitet sich eine Neuigkeit wie ein Lauffeuer«, wonach Hermann Göring tot sei. »Auf dieser Grundlage begann das Ghetto, *getrunken lekhayim* [Toasts] auszubringen. [...] Im Traum wähnten die Leute bereits, die Mauer sei niedergerissen.«[170] Im September 1941 notiert Ringelblum wiederum: »Habe von einer Frau reden gehört, die vielen Leuten vorausgesagt haben soll, was mit ihnen in der nächsten Zukunft geschehen werde. [...] Diese Frau versichert, dass im November dieses Jahres [1941] der Krieg zu Ende gehen werde.«[171] Im Mai 1942 »sagt die Hellseherin Madame M. voraus [...], dass es im Juni keine Mauern mehr in Warschau geben werde«[172] (was sich natürlich unterschiedlich verstehen lässt: Alle werden frei sein? Oder alles wird zerstört sein?)

Nichts von alledem hindert den jüdischen Historiker Emanuel Ringelblum daran, seine Mission als Archivar der Katastrophe möglicherweise als etwas Heiliges für die Geschichte seines Volkes wie für die aller Völker der Welt zu verstehen. Mit den Zeugnissen, die von der Gruppe *Oyneg Shabes* zusammengetragen wurden, wird die Menschheit eines Tages ein neues Buch Hiob oder gar ein neues Buch der Klagen schreiben können. Es ist bezeichnend, dass sich Ringelblum im Januar 1942 darüber freut, dass man in den Straßen des Ghettos noch verbotene Bücher etwa von Karl Kautsky, Stefan Zweig, Lion Feuchtwanger, Karl Marx oder Lenin findet; dass er aber Anstoß daran nimmt, dass manche Juden sich nicht scheuen, ihre Talmud-Bände zu verkaufen: »Neuerdings bemerkt man auch – was man bisher nie gesehen hat – den Verkauf von Bänden des Talmud. Dieses kostbare Erbe wurde pietätvoll von Generation zu Generation weitergegeben. Dass es nun körbeweise verramscht

170 Ebd., S. 183, 244.
171 Ebd., S. 272.
172 Ebd., S. 323.

wird, stellt einen wahrhaften *khiloul-hashem* [Akt der Blasphemie] dar und zeigt, welchen Grad an Verkommenheit wir erreicht haben.«[173]

So liegen die Bewertungen ein und derselben Situation weit auseinander: zwischen moralischer »Verkommenheit«, als welche Ringelblum sie bezeichnen möchte – einer panischen Angst, die die Leute um den Verstand bringt und die ethischen Werte aufkündigt – einerseits und der Bewahrung der Tradition andererseits. Diese Spannung motiviert zu den kleinsten, trivialsten, erbärmlichsten Gesten, etwa wenn im April 1941 ein Bettler gegen ein wenig Geld »mit lauter Stimme Verse der Psalmen rezitiert«; oder wenn die Frage *eikhah*, »wie?«, also die Grundfrage der traditionellen hebräischen Klage, wiederkehrt, um sich in populären Scherzen einzunisten, die gerade in Umlauf sind.[174] Apropos Klage: Bei meinem Besuch im Jüdischen Historischen Institut in Warschau hielt ich inne vor einem Blatt, das mit einer oder vielmehr zwei unterschiedlichen Schriften beschrieben war, die sehr schön waren, doch für mich unleserlich. Ich machte ein Photo. Anna Duńczyk-Szulc erklärte mir, es handele sich um die Predigt eines Rebbe, von dem insbesondere Samuel Kassow in seinem Buch *Ringelblums Vermächtnis* spricht.[175]

Er hieß Kalonymous Shapiro (oder Szapiro). Als Rabbi von Piaseczno, einer Stadt einige Kilometer südlich von Warschau, kam er ins Ghetto, wo er in seinen wöchentlichen Predigten die konkrete Situation logisch mit dem Geist des heiligen Textes in Übereinstimmung zu bringen versuchte. Er bemühte sich also, die Geschichte der Naziverfolgungen in die – nicht-historische – Perspektive der großen biblischen Katastrophen zu stellen. Was ich auf dem photographierten Blatt zunächst als eine zweite Hand-

173 Ebd., S. 312.
174 Ebd., S. 221, 304.
175 Samuel D. Kassow, *Ringelblums Vermächtnis*, a. a. O., S. 496.

schrift verstanden hatte, ist keine andere als die seine, doch mit einem Jahr Abstand: 1941 schrieb er, dass das, was dem jüdischen Volk geschieht, das ist, was ihm *schon immer* geschehen sei; 1942 – also nach dem Beginn der »Großen Aussiedlung« – wird er ganz im Gegenteil schreiben, dass das, was dem jüdischen Volk geschieht, ihm noch *niemals* geschehen sei. Das tragische Schwanken zwischen diesen beiden Behauptungen, dem er sich damit aussetzt, erinnert stark an bestimmte extreme Figuren der chassidischen Tradition, insbesondere Menachem Mendel von Kozk: So groß war ihr Zorn, dass sie verlangten, Gott selbst solle sich vor dem Gericht der Menschen verantworten.

Man darf auch nicht vergessen, dass *Oyneg Shabes* in seinen Reihen, unter den Aktivisten und Marxisten der Gruppe, einen Rabbiner namens Shimon (oder Szymon) Huberband zählte, dessen Toleranz gegenüber Atheisten und »Linken« Menachem Mendel Kohn in einem sehr beeindruckenden Text unterstrichen hat.[176] Er spezialisierte sich in seiner Sammlung von Archivmaterialien auf das religiöse Leben – besonders auf die Zerstörung von Synagogen, die Profanierung von Friedhöfen –, aber auch auf die materielle Kultur im allgemeinen, die Folklore des Ghettos oder das Leben in den Arbeitslagern.[177] Samuel Kassow erwähnt, dass Huberband in seinen Schriften »schonungslos und schlagfertig« war. »Wie Ringelblum sah Huberband sich als Historiker, nicht als Hagiograph. Er wich keiner Kontroverse aus. Es konnte vorkommen, dass er junge Gerer Chassidim als selbstverliebte Trinker und atheistische Bundisten als tapfere Märtyrer charakterisierte.«[178] Ich habe unter meinen Photographien aus dem Jüdischen Historischen Institut ein Dokument von 1941 wiedergefunden, in dem Rabbi Huberband ausruft: »Ich klage an! Ich fordere Rache!«

176 Ebd., S. 269.
177 Ebd., S. 271.
178 Ebd.

Ringelblum selbst verfolgte das Verhalten der Religiösen unter den dramatischen Bedingungen der Naziverfolgung mit großer Aufmerksamkeit. Zum Beispiel gab er am 8. Mai 1942 folgenden Bericht wieder: »Man erzählt folgende Geschichte, die völlig charakteristisch ist und eine Vorstellung davon vermittelt, welches Verhältnis die polnischen Juden zur sozialen Gerechtigkeit, der *tsedaka* [Barmherzigkeit], unterhalten. Vor etwa zwei Jahren schrieb der Rebbe von Radzyń seinen *chassidim* [Schülern], um sie zu ermahnen, ihre Möbel zu verkaufen, um das dabei eingenommene Geld für wohltätige Zwecke auszugeben. Er wusste wohl, dass die Geschäfte damals nicht gut gingen und dass folglich seine *chassidim* selbst wenig Geld hatten; deshalb verlangte er von ihnen, ihr Mobiliar zu verkaufen. Die *chassidim* folgten der Aufforderung ihres Rebbe nicht und behielten also ihre Möbel. Als die Deutschen in Lublin eindrangen, beschlagnahmten sie fast sämtliche Möbel, die sich in den jüdischen Wohnungen befanden. Später schrieb der Rebbe den *chassidim*, um sie dazu anzuregen, ihre Pelze zu verkaufen und dieses Geld für wohltätige Zwecke zu verwenden. Abermals gehorchten ihm die Schüler nicht, die Deutschen kamen und haben sich aller Pelze bemächtigt. Noch später schrieb ihnen der Rebbe, sie sollten ihre Sabbatkleidung verkaufen, um die so gesammelten Gelder den Ärmsten zu geben. Wiederum folgten ihm die *chassidim* nicht, und die Juden wurden aus Lublin vertrieben.«[179]

Was mich fasziniert, ist die Tatsache, dass diese Geschichte – unter literarischem Gesichtspunkt – eine absolut typische chassidische Parabel konstruiert, die freilich auf grausamen, exakt wiedergegebenen und wohlbekannten historischen Elementen beruht; sie gleicht also einem merkwürdigen *dokumentarischen Märchen*. Am 14. Dezember 1942 kommt Ringelblum inmitten historischer und po-

179 Emanuel Ringelblum, *Oneg Shabbat. Journal du ghetto de Varsovie*, a.a.O., S. 325.

litischer Überlegungen zur Lage des Ghettos auf die volkstümlichen Legenden zu sprechen, die sich um das Thema der *roytè Yidelekh* oder »roten Juden« gewoben haben – zu denen in gewisser Weise die Mitglieder von *Oyneg Shabes* ja selbst gehörten –, nämlich die mutmaßlichen Nachfahren der zehn Verlorenen Stämme des Königreichs Israel vor seiner Zerstörung durch die Assyrer, von denen es hieß, sie würden am Ende der Zeiten wiederkehren.[180] All diese heterogenen Verbindungen zwischen den unvordenklichsten Motiven der Tradition und den brennendsten Ereignissen der politischen Geschichte tragen dazu bei, das Unternehmen von *Oyneg Shabes* auf eine Ebene zu stellen, die jenseits des Gegensatzes zwischen jüdischem »Gedächtnis« und jüdischer »Geschichte« liegt, wie ihn Yosef Hayim Yerushalmi bekanntlich in *Zakhor* aufgestellt hat, als er etwa die Grundsatzfrage formulierte, warum »Erinnerung an die Vergangenheit zwar immer ein zentraler Aspekt der jüdischen Erfahrung, aber nicht in erster Linie dem Historiker anvertraut war.«[181]

Emanuel Ringelblum hat es also verstanden, was schwierig genug ist, die Form der engen Verflechtung zu finden, die Gedächtnis und Geschichte miteinander verbindet. Dazu musste er sich auf das »geduldige« Gedächtnis der Tradition – ihren unendlichen Kommentar der heiligen Texte, ihre ständige Wiederholung der rituellen Gesten – und zugleich auf die »drängende« Geschichte der Politik einlassen, die Situation des Ghettos, die in jedem Augenblick für alle die größte Gefahr darstellte und deshalb unmittelbare und ungewohnte Stellungnahmen erforderte. In dieser absoluten Dringlichkeit wird er aus eigenem Vermögen die grundlegenden Tugenden der Wiederverknüpfung von Geschichte und Gedächtnis wiederentdecken, die man nur

180 Ebd., S. 395.

181 Yosef Hayim Yerushalmi, *Zachor: erinnere Dich! Jüdische Geschichte und jüdisches Gedächtnis* (1982), aus dem Amerikanischen von Wolfgang Heuss, Berlin: Wagenbach 1996, S. 10.

bei den Größten findet, etwa bei Jules Michelet oder Jacob Burckhardt, Aby Warburg oder Walter Benjamin.

Recht besehen, war dieser dialektische Charakter von Ringelblums Projekt bereits dessen Namen *Oyneg Shabes* einbeschrieben. Von der »Freude des Sabbats« zu sprechen, wenn man sich jeden Samstag heimlich trifft, um gemeinsam die angehäuften, gesammelten, kopierten, klassifizierten Dokumente zu erörtern, ist das nicht gleichsam ein ironischer Umgang mit der Tradition und zugleich in gewisser Weise deren Fortführung? Am Sabbat, wenn es verboten ist zu arbeiten, begrüßt die Tradition das *Studium* und folglich die *Lektüre*. Gab es denn keine Studien und Lektüren bei den Genossen von *Oyneg Shabes*? Doch, zweifellos. Aber die Mitglieder der Gruppe hatten natürlich weder die Zeit noch die »Freude«, die Geschichten von König Salomon zusammen zu diskutieren. Was sie, selbst unmittelbar vom Tode bedroht, untereinander austauschten und schriftlich festhielten, waren die grausamen und alltäglichen Fakten des Überlebens im Ghetto. All ihre »Sabbatfreude« richtete sich eher auf die deprimierende Aufgabe und die dringliche Notwendigkeit, die aktuelle Katastrophe *schriftlich festzuhalten*. Und dieses Schreiben war *Arbeit*, intensive und trostlose Archivarbeit.

In seiner Einleitung zu einer Studie mit dem Titel »Polnisch-jüdische Beziehungen während des Zweiten Weltkrieges«, geschrieben am Ende seines Lebens in seinem letzten Versteck, definierte sich Emanuel Ringelblum selbst als Historiker und Praktiker einer auf das Dokument gestützten materialistischen Disziplin, aber auch als eine Art »Schreiber«, nicht der Tora, wie es die Tradition will, sondern der gegenwärtigen Wirklichkeit der Menschen: »Wenn ein ›Sofer‹ [Schreiber] an das Kopieren der Tora herantritt, muss er – nach religiöser Vorschrift – vorher in einem rituellen Schwitzbad baden und sich von allem Schmutz und aller Unreinheit säubern. Dieser ›Sofer‹ nimmt die Feder mit bangem Zagen zur Hand, weil der mindeste Fehler im

Kopieren die Vernichtung seines ganzen Werkes bedeutet. Mit solcher Furcht begann ich die Arbeit in einem Schutzraum auf der arischen Seite.«[182] Doch wie stand es mit der Tätigkeit des Schreibers, wenn es darum ging, die aus den Viehwaggons geworfenen Zettel aufzusammeln oder den Hunger in den Straßen des Ghettos zu beschreiben?

Ringelblum hatte begriffen, dass die unerhörte Situation der Juden dieser Zeit eine ebenso beispiellose Schreibweise erforderte: eine Schreibweise, die imstande wäre, zwischen der materiellen Situation und den existentiellen Bedingungen, zwischen den Schwärmen von Fakten und den Wolken von Emotionen eine Brücke zu schlagen. Eine solche Schreibweise lässt sich buchstäblich nicht aus dem Ärmel schütteln. Sie lässt sich nur aus der Montage gewinnen, zu der *Oyneg Shabes* mit seinen Sammlungen heterogenster Texte – also Stilformen – gelangte. Erst im Übergang von der Statistik zum Schrei, erst in der Koexistenz der beobachteten Fakten mit der Poesie der Transpositionen, des *Witzes*, taucht jene *Möglichkeit eines Stils* auf, dessen Grundelemente Ringelblum in dem Tagebuch von Abraham Lewin[183] oder in den »Gedicht-Dokumenten« Władysław Szlengels sah, die zu *Landmarken* von Erinnerung und Geschichte, von Klage und Empörung werden sollten.

Als Einleitung zu einem Text vom Januar 1943, »Was ich den Toten las«, drückte Szlengel seine Entschlossenheit aus, seine Stimme den Toten und den Sterbenden zu leihen: »Mit jedem Nerv spüre ich, wie ich ersticke, wie die Luft in meinem unaufhaltsam untergehenden Boot abnimmt. Mich hat nicht eine heldenhafte Geste in dieses Boot ge-

182 Emanuel Ringelblum, »Polnisch-jüdische Beziehungen während des Zweiten Weltkrieges«, unter dem Titel *Ghetto Warschau. Tagebücher aus dem Chaos*, eingeleitet von Prof. Dr. Arieh Tartakower (Institut Yad Vashem), Stuttgart: Seewald Verlag 1958, S. 20; Samuel D. Kassow, *Ringelblums Vermächtnis*, a. a. O., S. 593.

183 Abraham Lewin, *A cup of tears* (1940–1943), Cambridge, MA: Basil Blackwell, Institute for Polish-Jewish Studies 1989.

führt, sondern ich wurde hineingestoßen, um Willen, Schuld oder einen höheren Grund ging es dabei nicht. Nun bin ich aber in diesem Boot, und wenn ich mich auch nicht als sein Kapitän begreife, so doch auf jeden Fall als Chronist der Ertrinkenden. Ich will nicht nur Zahlen für die Statistiken hinterlassen, ich will die zukünftige Geschichte um Motive, Dokumente und Illustrationen bereichern (welch ein schlechtes Wort). An die Wand meines Bootes schreibe ich Gedicht-Dokumente, den Gefährten meines Grabes trage ich das Gekritzel eines Dichters – eines Dichters Anno Domini 1943 – vor […].«[184] Dieses »Gekritzel« und diese »Gedicht-Dokumente« sollten – neben vielen anderen bekannten oder anonymen – zu geheiligten Dokumenten unserer Geschichte werden, auch wenn sie uns zusammengepresst in einer halb verrotteten Milchkanne überliefert sind.

184 Zitiert nach Samuel D. Kassow, *Ringelblums Vermächtnis*, a. a. O., S. 503.

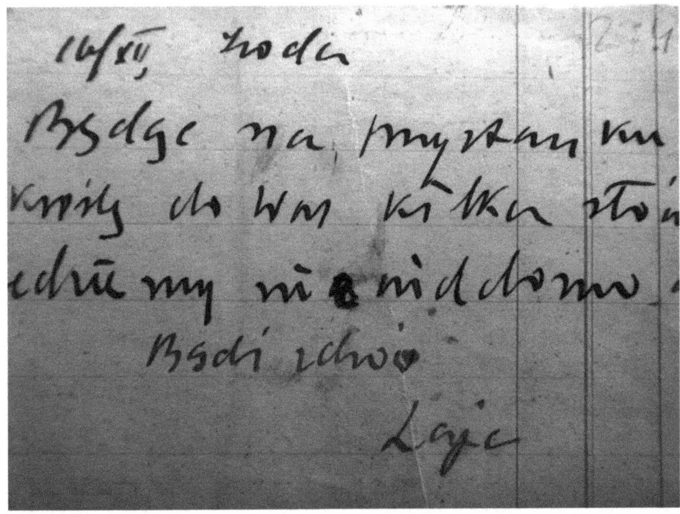

Zerstoben, das Zur-Welt-Kommen unserer Geschichte. Die Zerstörung wirbelt alles durcheinander: Dinge, Körper, Seelen, Räume, Zeiten. Alles ist zersprungen, zersplittert, zerstückelt. Man sieht zuerst nur den Schutt. Alles ist zerrissen. Überall, in zerstobenen Trümmern, richtungslos. Doch aus dieser zerborstenen Vielheit kann auch etwas Neues entstehen, sofern nur wieder ein Begehren erwacht, eine Stimme sich erhebt, ein Zeichen auf die künftige Welt geworfen wird, eine Schrift die Verbindung herstellt.

Ich habe, ohne recht zu wissen, warum, auch diesen Fetzen Papier photographiert. Es ist ein Stück einer Postkarte. Ich habe nicht entziffern können, was darauf geschrieben steht, doch ich habe aus der bloßen Betrachtung der gekritzelten Schriftzüge deutlich empfunden, dass es in der Not geschrieben wurde. Ich finde jetzt die Transkription dieser Botschaft im Archiv Ringelblum wieder: Sie wurde von einer bis heute nicht identifizierten Laja aus einem Waggon geworfen, der am 16. Dezember 1942 abfahrbereit auf dem Bahnhof von Warschau-Praga stand, mit dem Bestimmungsort Auschwitz.[185] Laja hatte geschrieben: »Bitte in einen Briefkasten werfen – Nachporto 18 *groszy* – [An] L. Przygoda, Warschau, Mila-Straße 46. – 16. XII., Mittwoch – Beim Halt in Praga sende ich Euch ein paar Worte. Wohin wir fahren, wissen wir nicht. Lass Dir's gutgehen. Laja.«[186]

Es ist nicht bekannt, wer Laja war. Man weiß nur, dass sie verschwunden ist. Sie ging in einem der Krematorien von Auschwitz-Birkenau in Rauch und Asche auf. Im April und Mai 1943 verschwand auch das ganze Warschauer Ghetto: vollständig zerstört, von den Deutschen niedergebrannt, nur noch eine Wüste von Schutt und Asche. Als dann im Januar 1945 die Rote Armee näher kam, sprengten die Nazis die Gaskammern von Birkenau, um die Spuren zu verwischen. Kurz, in dieser Geschichte scheint alles verschwunden: die menschlichen Wesen millionenfach, aber auch die Orte ihres Lebens und sogar die ihres Todes, ob aus Ziegeln, Stein oder Beton. Geblieben ist dagegen dieser fragile Gegenstand: dieses kleine, noch lesbare Stückchen Papier, das Lajas Notruf noch immer zu uns trägt.

Das also war die wahnwitzige und weise Absicht von *Oyneg Shabes*: so viele Krümel wie möglich aufzuschnappen, möglichst viele noch sichtbare Überreste, kleine Stückchen, die die Zerstörung überdauert haben, und sie dann zusammenzusetzen, zu verstecken, zu sammeln, zu archivieren. Ein entscheidendes Werk, das die verstreute Zerstörung in versammelte Wahrheit verwandelte. Ein großartiger Brief, mit poetischen und biblischen Zitaten gleichsam verziert, fasst all das mit den Worten zusammen: »Ich könnte mit tausend Mündern reden.« Von Zelig Kałmanowicz verfasst und am 23. März 1942 aus dem Ghetto von Wilno nach Warschau gesandt, lässt er den gebieterischen *Wunsch* erstehen,

185 *Archiwum Ringelbluma. Konspiracyjne Archiwum Getta Warszawy*, Bd. I: *Listy o Zagładzie*, a. a. O., S. 326 f. (mit der Reproduktion der Vorder- und Rückseite).

186 *Archives Ringelblum. Archives clandestines du ghetto de Varsovie*, Bd. I: *Lettres sur l'anéantissment des Juifs de Pologne*, a. a. O., S. 266.

den Mund aufzumachen: »Stellt euch vor, *ich bin voll wie eine Granate* mit Dingen, die ich erzählen möchte. Fast könnte ich sagen: *Wären alle Meere voll Tinte und alle Bäume aus Federn* usw. Ich könnte mit tausend Mündern reden. Doch ich habe nur einen Mund, und der trägt zudem einen Maulkorb, usw. Wir müssen zuversichtlich sein [...], bis wir die Möglichkeit haben, uns zu sagen: *Derjenige, der das Leben gibt, wird die Möglichkeit geben, den Mund zu öffnen.*«[187]

Andere Briefe sorgten sich in offenen oder verhüllten Worten um jene, denen das Leben gegeben war, nämlich die künftigen Generationen: »Es kann sein, dass eines Tages die Kinder nach Hause kommen und wir nicht mehr da sind, um sie zu sehen, und Du [...], Du wirst ihnen Bescheid geben müssen, was uns geschehen ist« (22. Januar 1942) ... »Vor allem vergesst nicht das Kind« (22. Februar 1942) ... Ein anderer Brief geriet an die Grenzen des Wahnsinns, zwischen Schrift und Schrei: »Ich würde gern aus vollem Halse schreien« (24. Januar 1942). Ein weiterer versuchte sich damit zu beruhigen, dass all das gegenwärtige Unglück einmal zu einer Narration werde: »Was wir erlebt haben [...], werden wir uns einmal in besseren Zeiten erzählen« (16. Februar 1942) ... Ein anderer bedauerte: »Ich bin noch in Lublin, versteckt in einem dunklen Keller, seit vierzehn Tagen habe ich kein Licht gesehen [...]. Ich kann nicht mehr schreiben« (29. März 1942) ... Ein weiterer endete mit der Klage: »Uns bleiben nur noch die *kaddish*« (23. Januar 1942) ...[188]

Wenn die Montage all dieser Texte als eine ungeheure Klage gelesen werden kann, verstreut auf mehr als fünfunddreißigtausend Seiten verschiedener, jedesmal einzigartiger Schriften, so muss man auch sagen, *dass diese Klage uns eine geschichtliche Lehre erteilt* und dass, mehr noch, ihre bloße Existenz und ihr Überleben für uns etwas darstellen, das von einem intensiven Begehren zeugt und folglich eine

187 Ebd., S. 127.
188 Ebd., S. 49, 54, 76, 86, 111 f., 120.

Hoffnung birgt. Zunächst ist das eine Hoffnung, die mit der Schrift als solcher zusammenhängt oder, genauer gesagt, damit, dass sie eines näheren oder ferneren Tages – jedenfalls über tausend Klippen – ihren aufmerksamen Leser finden kann. Nicht jede Flaschenpost gelangt ans Ufer, einige aber doch. Nicht alle Spaziergänger am Strand bemerken die mit Algen und Muscheln übersäte Flasche, einige aber doch. Viele Menschen kommen durch Ungerechtigkeiten und Terror um, ertrinken oder werden zu Asche. Die Schrift wäre der Bericht von diesem unaufhörlichen Ertrinken oder Zu-Asche-Werden – und zugleich Einspruch dagegen: ihr *Zur-Welt-Kommen* selbst, ihr Überleben, damit etwas anderes entstehen kann. All das dank der Tränen (kleine Dinge aus bitterem Wasser) und der Buchstaben (kleine Dinge aus dunkler Tinte) auf ein paar Fetzen Papier.

Es sind also Arten von Samen. Schreiben ist Erinnerung nur, wenn es auf eine Zukunft gerichtet ist, auf ein Begehren. In *W oder die Kindheitserinnerung* schrieb Georges Perec zum Beispiel: »Ich erinnere mich an die Fotos, die die Wände der von den Fingernägeln der Vergasten zerkratzten Verbrennungsöfen zeigten, und an ein Schachspiel, das aus Brotkügelchen hergestellt war.«[189] Würde man derart ein Zeichen des Todes und ein Zeichen des Spiels kontrastiv zusammenmontieren, hieße das nicht, ein Gefühl des Spiels und ein Gefühl des Schmerzes zu verknüpfen? Ein *Zur-Welt-Kommen* und ein *Zu-Asche-Werden*? Würde damit nicht zugleich angedeutet, dass das Spiel – dem die Schrift Perecs, ja die Schrift überhaupt, sich ohne Zweifel verdankt, ist doch die Schrift ein Spiel des Denkens – selbst aus einer ethischen Entscheidung hervorgeht beziehungsweise aus einer mutigen Entscheidung, die unter bestimmten Bedingungen schwer zu verstehen ist: dazu muss der Gefangene eines Konzentrationslagers

189 Georges Perec, *W oder die Kindheitserinnerung* (1975), aus dem Französischen von Eugen Helmlé, Frankfurt a. M.: Suhrkamp 1982, S. 192.

sich die Brotration eines Tages, die für ihn doch lebensnotwendig ist, versagen, um die Figuren seines künftigen Schachspiels herzustellen.

Ein Buch schreiben wäre aus dieser Sicht also nichts anderes als die Geste, alles wieder ins Spiel zu bringen, wenn alles zu Asche geworden ist. Eine andere Art und Weise, Schach spielen zu wollen mit Figuren aus Brotkügelchen an einem Ort der Unterdrückung, wo die Freiheit fehlt. *Liber* heißt auf Lateinisch *frei* und deutet zugleich auf das Buchmachen. Es ist ein Wort für den Bast, der unter der Rinde des Baumes liegt, für denjenigen Teil der Borke, der sich als Schriftträger eignet, den lebendigen und empfindlichsten Teil der Haut der Bäume.[190] Aber es ist auch ein Wort für das Verstreute, in dem Sinne, in dem eine Gesamtheit verstreuter Dinge – Papierblätter, Briefe, Wörter, Motive, Berichte, Gedanken – eines Tages in einem Band versammelt werden. Gründet der Akt der Erkenntnis nicht darauf, dass wir die *verstreute* Natur der Welt akzeptieren, vorausgesetzt, man findet ihre möglichen Zusammenhänge, Ähnlichkeiten, Affinitäten oder auch Kontraste? *Epars* [frz. »zerstoben«, »verstreut«] geht etymologisch auf das Partizip *sparsum* des Verbs *spargere* zurück, mit der Bedeutung »hierhin und dorthin schleudern, verzetteln, bestreuen, ausbreiten«. Das Verb wird auch in einem rituellen Sinne verwendet, wenn man etwas oder jemanden mit einer Flüssigkeit besprengt, um den Segen auszuteilen.

Doch was *bestreut* wurde, ist ebensogut *ausgesät*. Die Verstreuung wäre demnach eine Aussaat (griech. *speirō*, »ich säe«, *sperma*, »der Samen«). Die Dissemination wäre eine Verstreuung von Samen; was vergeht, wäre zuvor in alle vier Himmelsrichtungen ausgesät, »disseminiert« worden. Von Novalis' *Blütenstaub* (»literarische Sämereien …«) bis hin zu Jacques Derridas *Dissemination* (»Lassen Sie sich

190 Georges Didi-Huberman, *Borken*, aus dem Französischen von Horst Brühmann, Konstanz: Konstanz University Press 2012, S. 83 f.

leiten ... durch das Vokabular der Germination oder der Dissemination hindurch«)[191] ließe sich die Schrift als gesammelte Verstreuung, als ausgesätes Vergehen verstehen. Ein Text würde also wie ein Archivar arbeiten: Er sammelt Verstreutes – oder setzt es vielmehr auf neue Weise zusammen. »Das Poetische heißt sammeln«, sagt Heiner Müller, den Alexander Kluge im zweiten Band seiner *Chronik der Gefühle* zitiert.[192] Einsammeln also. Ohne Rast. Doch ohne zu versöhnen, zu flicken, zu trösten. Sondern indem man sichtbare Bruchstellen hinterlässt. Indem man Spiel in der Montage lässt, am Rand der Texte und der Bilder, so dass jedes Fragment in seiner Singularität, in seiner gemeinsamen Einsamkeit erhalten bleibt.

Verstreut also, zerstoben. Doch zugleich Samenkörner. Im März 1943 schrieb Avrom Sutzkever im Wilnaer Ghetto – wo seit Sommer 1941 21.000 Juden massakriert worden waren; das Ghetto sollte im September 1943 endgültig liquidiert werden – ein Gedicht mit dem Titel *Weizenkörner*:

Auch in unseren Wäldern
geht das Licht seinen Lauf,
und zu guter Stunde
blüht Vergrabenes wieder auf.

Wie es uraltem Weizen
wieder zu blühen gelang,
also nähren die Wörter,
also gehören die Wörter
dem Volk bei seinem ewigen Gang.[193]

191 Novalis, *Historisch-kritische Ausgabe*, Bd. 2, Stuttgart 1965, S. 463. Jacques Derrida, *Dissemination*, aus dem Französischen von Hans-Dieter Gondek, Wien: Passagen 1995, S. 342.

192 Alexander Kluge, *Chronik der Gefühle*, Bd. 2: *Lebensläufe*, Frankfurt a. M.: Suhrkamp 2000, S. 1008.

193 Zitiert nach Samuel D. Kassow, *Ringelblums Vermächtnis*, a. a. O., S. 7.

Der »uralte Weizen«, von dem Avrom Sutzkever spricht, spielt auf die Weizenkörner an, die die Archäologen im 19. Jahrhundert in den Grabkammern der ägyptischen Pyramiden gefunden hatten und die, wie es heißt, ihre Keimkraft bewahrt hatten. Es ist bezeichnend, dass dieses Bild des Überlebens von Walter Benjamin benutzt wurde, als er 1936 eine literarische und philosophische Eloge auf den »Erzähler« schrieb, der sich vom Romancier darin unterscheidet, dass er die Fähigkeit besitzt, Erfahrungen mitzuteilen, sie dem anderen zu vermitteln.[194] Mit Verweis auf Herodot, den »erste[n] Erzähler der Griechen«, evozierte Benjamin eine bestimmte Erzählung aus der Tiefe der Zeiten, die »nach Jahrtausenden noch imstande [ist], Staunen und Nachdenken zu erregen. Sie ähnelt den Samenkörnern, die jahrtausendelang luftdicht verschlossen in den Kammern der Pyramiden gelegen und ihre Keimkraft bis auf den heutigen Tag bewahrt haben.«[195]

Alle jene, deren Gedichte, Zettel, Berichte, Chroniken oder Zeugnisse Emanuel Ringelblum gesammelt hat, können nach diesem Muster gelesen werden: Ihre Brocken von Überleben oder Tod sind ebenso Samenkörner des Lebens, und sei es auch für die anderen. Sie sprechen, wie Benjamin sagt, mit der »Autorität des Sterbenden« und bilden jeweils »die Gestalt, in welcher der Gerechte sich selbst begegnet«.[196] Doch was sollen wir heute tun mit diesen fast ausgebleichten Papierfetzen, diesen verstreuten Worten? Sie aufbewahren, nicht als unwandelbare Schätze, sondern als Samenkörner für die Gegenwart, für die Zukunft.

Im Flugzeug, das mich von Warschau zurückbrachte, nach drei Tagen der Entdeckungen und ständig wachen

194 Walter Benjamin, »Der Erzähler. Betrachtungen zum Werk Nikolai Lesskows«, in: *Gesammelte Schriften*, Bd. II.2, herausgegeben von Rolf Tiedemann und Hermann Schweppenhäuser, Frankfurt a. M.: Suhrkamp 1977, S. 442.
195 Ebd., S. 446.
196 Ebd., S. 450, 465.

Sinne, fühlte ich plötzlich eine Last auf dem Herzen. Ich habe versucht, meine Lektüre des Buches von Samuel Kassow fortzusetzen. Ich musste wieder an jenen jungen Genealogen des Jüdischen Historischen Instituts denken, von dem ich über meine eigenen »vergilbten Papiere« mehr erfahren habe, als ich bisher darüber wusste. Wieder stiegen mir Tränen in die Augen. Da habe ich mir gesagt, ich müßte sie unbedingt auf den Spiegel der weißen Seite hinabtropfen lassen und anfangen, etwas zu schreiben. Damit die Klage eine Lehre sei, uns erhebt.

1. Oktober bis 2. November 2018

Notiz

Dieser Text wurde nach der Rückkehr von einem dreitägigen Besuch im Warschauer Jüdischen Historischen Institut am 1. bis 3. Oktober 2018 geschrieben. Vieles verdankt er zunächst der Anregung Rafał Lewandowskis, der mich im Frühjahr 2017 auf die Existenz der Photographien des Ringelblum-Archivs hingewiesen hatte. Für ihre Einladung und ihre Gastfreundschaft danke ich herzlich Paweł Śpiewak, dem Direktor des Instituts, und Anna Duńcyk-Szulc, die mich bei dieser Entdeckung beständig geleitet und alle Antworten auf meine Fragen gefunden hat. Ich danke ebenso Agnieszka Reszka, der Verantwortlichen für das Archiv, Janek Jagielski, dem Verantwortlichen für die photographische Abteilung, Agnieszka Kajczyk, der Verantwortlichen für die pädagogische Abteilung, und Matan Shefi vom Verwandten-Suchdienst. Schließlich danke ich Paweł Mościcki, der so generös war, meinen Vortrag ins Polnische zu übersetzen, den ich am 2. Oktober vor dem Institut gehalten habe. Ein Teil dieses Textes ist in polnischer und englischer Übersetzung als Katalog zu der Ausstellung *Światło Negatywu (Light of the Negative. Images from the Ringelblum Archive and Jerzy Lewczyński Archive)* erschienen, die im Jüdischen Historischen Institut Warschau im April 2019 unter der Leitung von Rafał Lewandowski und Anna Duńcyk-Szulc gezeigt wurde.

Tafel der Anfangsworte

Tafel der Kapitel